Código da
ALMA

PATRÍCIA CÂNDIDO

Código da
ALMA

DESCUBRA
a causa secreta das doenças

Luz da Serra
EDITORA

Nova Petrópolis/RS - 2023

Capa: Marina Avila
Edição e Revisão: Luana Aquino & Rachel Agavino
Ilustrações: Alice Tischer & Leonardo Dolfini
Ícones: Freepik

Dados Internacionais de Catalogação na Publicação (CIP)

C217c   Cândido, Patrícia.
          Código da alma : descubra a causa secreta das doenças / Patrícia Cândido. - Nova Petrópolis: Luz da Serra, 2018.
          320 p. : 23 cm.

          ISBN 978-85-64463-55-4

          1. Autoajuda. 2. Chacras. 3. Cura pela mente. 4. Autoconhecimento. 5. Pensamento. 6. Espiritualidade. 7. Espírito - Consciência. 8. Alma. 9. Felicidade. 10. Desenvolvimento pessoal. I. Título.

                                              CDU 159.947
                                              CDD 158.1

Índice para catálogo sistemático:
1. Autoajuda   159.947
(Bibliotecária responsável: Sabrina Leal Araujo - CRB 10/1507)

Todos os direitos reservados. Nenhuma parte desta obra pode ser reproduzida ou transmitida por qualquer forma e/ou quaisquer meios (eletrônico ou mecânico, incluindo fotocópia e gravação) ou arquivada em qualquer sistema ou banco de dados sem permissão escrita da Editora.

Luz da Serra Editora Ltda.

Rua das Calêndulas, 62
Bairro Juriti - Nova Petrópolis/RS
CEP 95150-000
loja@luzdaserra.com.br
www.luzdaserra.com.br
loja.luzdaserraeditora.com.br
Fones: (54) 99263-0619

Dedico essa obra ao Thor,
meu parceiro de tantas vidas
que me ensinou o valor de um amor verdadeiro.

AGRADECIMENTOS

Agradeço a todos
os mentorados que participaram
do treinamento Código da Alma,
por me incentivarem a escrever
este livro e por todo o amor
e suporte que sempre me dão.

Vocês foram os pioneiros que
colheram os resultados deste
método, e agora chegou
a hora de compartilhar
este conhecimento
com o mundo.

Grande beijo a todos vocês,
meus queridos!

O PORQUÊ DESTE LIVRO

As doenças estão cada vez mais presentes em nossa sociedade, e milhares delas são descobertas a cada ano, aterrorizando lares, famílias e pessoas como o grande mal da nossa época. Isso parece tão normal que muitas pessoas não acreditam que, no nosso contexto atual, seja possível ter uma vida imune às dores e doenças e viver sem medicamentos e cirurgias.

No entanto, a dor e a doença são incompatíveis com a nossa natureza e, embora sejam comuns em nosso dia a dia, não podem ser consideradas normais. O corpo humano é uma máquina perfeita, evoluída e capaz de produzir as substâncias necessárias para que tenhamos saúde e equilíbrio.

Talvez você esteja se perguntando: **em que momento da nossa história perdemos esse elo com a nossa natureza? Por que não conseguimos viver uma vida saudável, plena e feliz?**

Eu acredito que as grandes crises mundiais sempre nos levam a momentos de reflexão e, quando paramos para refletir profundamente sobre questões alarmantes, um novo tempo se mostra à nossa frente. Esta nova era na qual existem tantas dores, doenças e sofrimento está nos pedindo maior cuidado com o que acontece dentro de cada um de nós!

Foi por todos esses motivos que esta obra nasceu.

Afinal, existe, sim, um caminho de cura integral, de forma que possamos viver a plenitude da vida em todos os níveis e dimensões do nosso ser. Esse caminho da cura integral exige conhecimento, dedicação, persistência, trabalho e reforma íntima.

Nosso corpo é um sistema tão evoluído que, quando você está realmente consciente e disposto a se curar, existe uma grande facilidade e velocidade de regeneração celular, desde que as suas emoções, os seus pensamentos, os seus sentimentos e o seu espírito estejam conectados sob as ordens de um comandante consciente – a mente – que os alinhe e faça com que todos caminhem e trabalhem na mesma direção.

É nesse universo que você vai mergulhar a fundo nas próximas páginas. Tenho certeza de que será uma grande aventura e que, por diversas vezes, você vai se perguntar, estupefato: **"Como eu não descobri isso antes?"**

Foi exatamente essa a pergunta que me fiz há mais de 15 anos, quando aconteceu o grande clique da minha vida: eu descobri que todos os processos físico-corporais de saúde e doença estão profundamente arraigados em nosso espírito, em nossa mente e em nossas emoções.

Neste livro, você vai aprender a gerenciar o seu sistema emocional para que ele tenha estabilidade, o que vai lhe permitir encontrar **o equilíbrio, a serenidade e a ponderação: elementos fundamentais para uma vida saudável.** Você também vai aprender a identificar as emoções que geram as doenças no corpo físico, o significado de cada uma delas e como podemos atuar na remissão dessas enfermidades.

Com uma linguagem simples e de forma muito prática, esta obra visa esclarecer o impacto do nosso comportamento nas situações mais corriqueiras do cotidiano e como as nossas atitudes contribuem para a construção da saúde ou da doença.

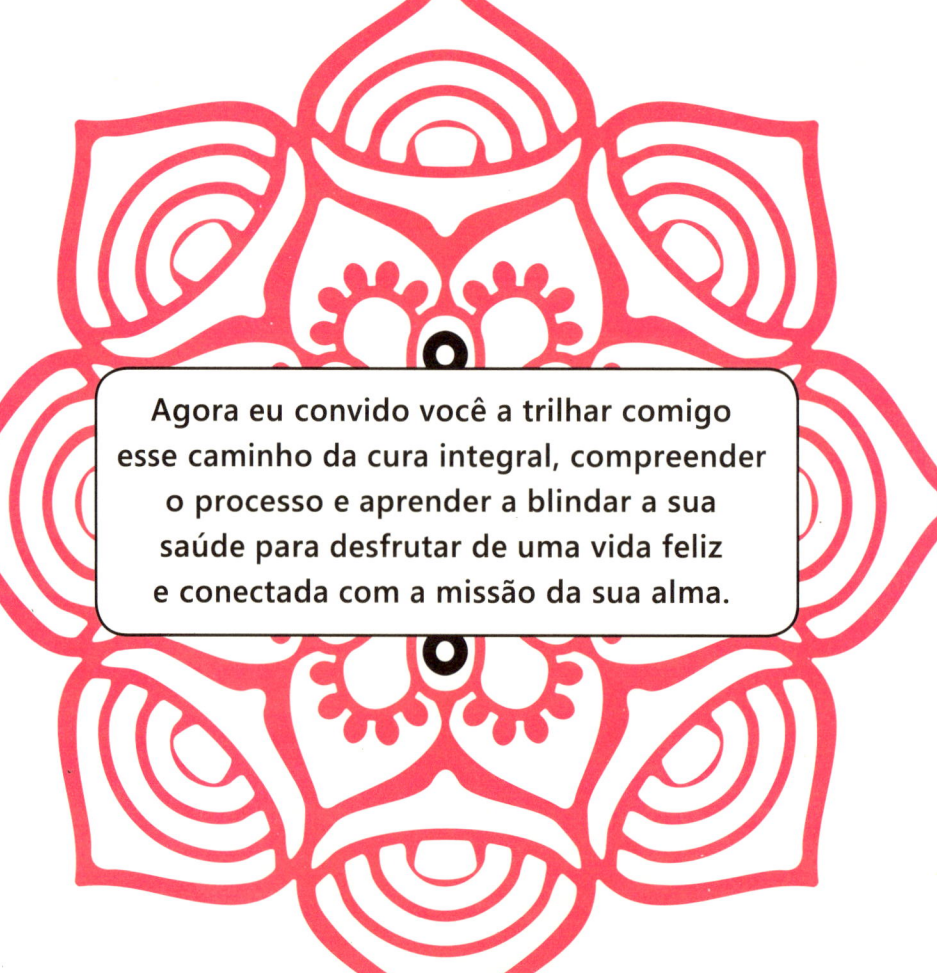

Agora eu convido você a trilhar comigo esse caminho da cura integral, compreender o processo e aprender a blindar a sua saúde para desfrutar de uma vida feliz e conectada com a missão da sua alma.

OBSERVAÇÕES IMPORTANTES

Neste livro você vai descobrir a relação dos nossos comportamentos e atitudes com as doenças físicas e como reverter esse processo por meio da reforma íntima e do gerenciamento das suas emoções.

Contudo, o conteúdo desta obra não esgota o assunto sobre bioenergia, aura, chacras, psicossomática ou linguagem do corpo e não anula qualquer outro estudo ou constatação sobre essas áreas de interesse.

Todas as informações contidas aqui devem ser utilizadas de forma complementar. **Jamais interrompa o tratamento com medicamentos químicos alopáticos sem antes consultar o seu médico.**

O uso da medicina farmacológica, associado às técnicas e exercícios apresentados neste livro, pode certamente produzir resultados muito expressivos, capazes de potencializar muitas formas de terapias – ortodoxas ou alternativas.

A proposta desta obra não é semear discussões de ordem técnica, tampouco defender quaisquer teses científicas. Trata-se apenas de uma tentativa bem-intencionada no sentido de **estimular as pessoas a buscarem autoconhecimento, gerenciamento emocional e comportamental, para que possam desfrutar de uma vida plena e harmoniosa, encontrando um caminho de cura natural e saúde integral.**

SUMÁRIO

PREFÁCIO
Os dois tipos de pessoas no mundo atual: qual deles você é? 19

APRESENTAÇÃO
Um dia a doença pode pegar você... E é preciso saber o que fazer!!! 24

CAPÍTULO 1
Todas as respostas estão na energia que o rodeia 43
O que é saúde? 44
Compreenda os chacras e a sua energia 45
Os mistérios da aura 66
As camadas do campo áurico 72
As cores da aura e sua interpretação 76
O que a cor predominante da sua aura externa diz sobre você 78

CAPÍTULO 2
As doenças não acontecem por acaso, mas por uma causa pouco conhecida 87
Os códigos da mente: será que pensar adoece? 97
O incrível Ministério da Minhoca 101
Compreenda o fluxo da doença 104
As faixas da doença 112
Formas de pensamento e doenças 118

Um corpo doente é um corpo sem comando ... 120
O nosso corpo fala, e ele quer
transformar o mundo! 124

CAPÍTULO 3
A relação da doença com o seu corpo 131

    Articulações 134
    Ânus e reto 136
    Baço 136
    Bexiga 137
    Boca 139
    Cabeça 141
    Coluna 144
    Coração 145
    Dentes 145
    Estômago 147
    Fígado 149
    Garganta 150
    Joelhos 152
    Mãos 153
    Mãos – dedos 154
    Medula 156
    Músculos 159
    Nariz 161
    Olhos 162
    Orelhas e ouvidos 163
    Órgãos genitais 165
    Ombros 169
    Pâncreas 171
    Peito 172

Pele 173
Pernas 174
Pés 175
Pés – dedos 176
Pescoço 177
Pulmões 177
Rins 179
Sangue 181
Seios 182
Nosso comportamento é o vilão... 186

CAPÍTULO 4
Doença: Bênção ou Maldição? 189
   O primeiro passo para a cura 191
   Doenças mais frequentes 192
   Alergias de Pele 193
   Alergias Respiratórias 195
   Alergias Alimentares 196
   Ansiedade 197
   Artrite 200
   Artrite reumatoide 202
   Asma 204
   AVC 204
   Bursite 206
   Cálculo renal 206
   Câncer em geral 207
   Câncer de mama 209
   Coluna e pernas – doenças 210
   Constipação 211
   Deficiência intelectual 212

Dependência química 214
Depressão 215
Diabetes 218
Doenças autoimunes 219
    Doença de Crohn 219
    Lúpus 221
Dor de cabeça 222
Dor na coluna cervical 223
Dor nos joelhos 223
Esclerose múltipla 224
Estômago – problemas 225
Falta de libido 225
Fibromialgia 226
Gastrite 228
Infecção na bexiga 229
Insônia 229
Hiperinsulinemia 230
Labirintite 231
Mal de Alzheimer 232
Mal de Parkinson 232
Olhos e problemas de visão 233
Ossos 234
Pedra na vesícula 236
Pedras e cálculos em geral 237
Pele – doenças em geral 239
Pressão alta 239
Problemas de coluna 241
Problemas na tireoide 242
Psoríase 243
Reumatismo 244

Síndrome do intestino irritável 245
Síndrome do pânico 246
Soluço 248
Sudorese 249
Transtorno bipolar 250
Úlcera 251
Varizes 252
Ciberdoenças 254
   1. Síndrome do Toque Fantasma 255
   2. Nomofobia 255
   3. *Cybersickness* – náusea digital 256
   4. Depressão de Facebook 257
   5. TDI – Transtorno
   de Dependência da Internet 258
   6. Vício em jogos on-line 259
   7. Cibercondria 259
   8. Efeito Google 260

CAPÍTULO 5
A vida interna, oculta e invisível: o seu interior de um jeito que você jamais viu 263
   O elemental do corpo 265

CAPÍTULO 6
Os exercícios consagrados do método Código da Alma 273
   1. Como prevenir as doenças da alma
   em alguns passos simples 276
   2. Como visualizar uma aura 285

3. Técnica Matinal de
Absorção do Fogo Sagrado: 288
4. Oração do Elemental do Corpo 292
5. O Cilindro e a Pirâmide 295
6. Exercício Final:
a Consagrada Respiração dos Chacras
do Método Código da Alma 297

Mensagem Final
Agora o poder está em suas mãos! 311

Referências bibliográficas 315

PREFÁCIO

Os dois tipos de pessoas no mundo atual: qual deles você é?

NO MUNDO ATUAL, HÁ DOIS TIPOS DE PESSOAS. Agora você vai conhecer esses dois grupos e saber em qual deles se enquadra. Mais do que isso, você poderá escolher se quer continuar onde está. O primeiro grupo se acostumou aos remédios como a única forma de tratar suas doenças. Ao menor sinal de dor ou sofrimento físico, já busca logo os medicamentos convencionais.

As pessoas desse grupo costumam ter em casa caixas com remédios ocupando uma parte considerável do armário, e a automedicação é uma rotina na vida delas. São verdadeiras conhecedoras dos remédios, seus nomes e dosagens – normalmente está tudo na ponta da língua.

Infelizmente, essas pessoas naturalizaram o convívio com as dores e doenças, com as visitas ao médico, com consumo de remédios e uma grande conta na farmácia.

Agora vou lhe falar sobre o segundo grupo.

São pessoas que descobriram que toda dor ou doença é uma mensagem da sua inteligência mais sutil dizendo que elas estão no caminho errado, que seus pensamentos estão negativos e que suas emoções estão desalinhadas.

Nesse grupo, os remédios podem até surgir em alguns casos, porém somente depois de uma avaliação da verdadeira mensagem que a dor ou doença está trazendo. Assim, os alopáticos atuam apenas por curtos períodos de tempo.

Os integrantes desse grupo se acostumaram a questionar a causa da doença e não aceitam mais tomar remédios passivamente, porque eles entenderam que os medicamentos podem ser evitados em 94% dos casos.

Esse segundo grupo desvendou um código preciso da alma, que mostra a verdadeira causa das doenças e o caminho para o tratamento natural e seguro. As pessoas que fazem parte dele querem ser autônomas, independentes e amam ter liberdade, por isso, não suportam a ideia de que devam transferir a responsabilidade de sua cura para pessoas ou agentes externos que elas não podem controlar.

Nessa caminhada, elas aprenderam os passos práticos para evitar a doença ou combatê-la com a mente. De quebra, conquistaram o hábito do autoamor, do respeito com sua mente, com seu corpo e com suas emoções.

Como consequência, os integrantes desse grupo aprenderam a ajudar pessoas próximas nesta jornada, para que elas entendam o mecanismo da doença e o caminho natural de tratamento.

Quer saber o que é mais curioso? As pessoas do segundo grupo são as que mais dão lucro para seus planos de saúde, pois quase não usam seus serviços.

Agora me responda sinceramente: em que grupo você está? No primeiro, de quem ainda é escravo da alopatia? Ou no segundo, de quem conquistou sua liberdade e a saúde plena?

Não lhe parece muito mais interessante fazer parte do segundo grupo?

Se essa é a sua vontade, quero dizer que existe um caminho com passos precisos para conquistar isso. Existe uma jornada que muitas pessoas já estão trilhando e que você também pode trilhar.

Esse caminho, tão revelador quanto empolgante, além de reduzir drasticamente a sua conta na farmácia, aumentará sua saúde, sua confiança e sua capacidade de ajudar mais e melhor quem você ama.

Por seu merecimento, existem pessoas no mundo como a Patrícia Cândido, que dedicaram muito tempo e energia de sua vida para mentorar esse processo. Patrícia empregou mais de 15 anos em estudo – teórico e prático – nesta obra que vai simplesmente revolucionar a sua saúde. Mais do que isso, **este livro é uma verdadeira contribuição de utilidade pública.**

Código da Alma

Para sua sorte, neste momento você entrará no mundo do Código da sua Alma e terá todas as condições de dar à sua inteligência mais sutil o alimento real de que ela mais precisa.

Patrícia preparou este livro com muito afinco e profissionalismo, para que você também possa ter acesso a um conhecimento revelador para fazer da sua vida uma história de sucesso, liberdade e alegria.

Venha para o segundo grupo! Neste momento, você tem em suas mãos tudo o que precisa para isso!

Muita Luz!

Seja o que nasceu para ser e brilhe!

BRUNO GIMENES

Um dia a doença
pode pegar você...

E é preciso saber
o que fazer!!!

OS MENTORES ESPIRITUAIS SABEM QUE NÃO É FÁCIL VIVER na Terra, em meio a tantas guerras, discórdia, atrocidades, crimes, tensão, racismo, preconceito, egoísmo, tristeza, dor, lamentação, doenças... Estamos aqui num caminho de cura e evolução, para curar as mazelas da nossa alma, aprender a amar e, se possível, deixar uma semente de esperança para as gerações futuras. E, se conseguimos sair da Terra melhor do que entramos, significa que nosso dever de casa foi bem feito.

Justamente por saber de tudo o que vamos enfrentar por aqui é que a natureza dispõe de tantos elementos incríveis para que consigamos cumprir essa missão tão nobre de, ao fim de tudo, sairmos deste plano cheios de experiências e aprendizados. Esses elementos de cura natural (cores, plantas, sons, cristais, alimentos, energia) estão disponíveis em abundância ao nosso redor e basta prestar atenção para que eles venham ao encontro de cada um de nós.

A nossa jornada não precisa ser árdua! Ela pode ser leve e feliz se estivermos dispostos a interpretar os sinais que o universo nos dá o tempo todo. O tempo todo mesmo!

E é por isso que estamos juntos aqui, no Código da Alma: para que o caminho seja mais leve! Certamente, se eu tivesse acesso a essas informações há algumas décadas, a minha jornada teria sido muito mais leve e prazerosa, livre de tanta tensão e sofrimento.

Se há tensão, está errado.

Se há sofrimento também está errado.

Sentir dor não é normal!

A vida não foi feita para ser dolorida. E, embora a dor, o sofrimento e a tensão sejam comuns em nosso dia a dia, não podemos considerá-los normais. Embora o nosso organismo – formado por espírito, mente, emoções e corpo físico – suporte a dor, não foi criado para senti-la! Em sua matriz original está a expressão da beleza, da felicidade e do amor, o combustível natural para que estejamos em equilíbrio.

Se estamos em equilíbrio, não sofremos, não sentimos dor nem tensão, e foi justamente por isso que esta obra nasceu, para ajudá-lo a conquistar toda a felicidade e harmonia que são suas por direito. Há mais de 15 anos, desde que decidi trabalhar com terapias naturais, sou pesquisadora da área de bioenergia e psicossomática. Na fase anterior a essa grande transformação, eu trabalhava na indústria, com recursos humanos, e sempre gostei muito de gente, de estar com as pessoas e ajudá-las a encontrar boas soluções para suas vidas. Nessa época, eu acreditava em algumas forças capazes de transformar o mundo: a ciência, a pesquisa, a medicina, a política...

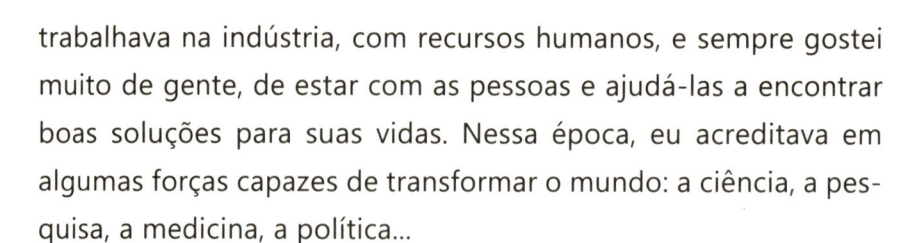

Com certa mistura de inocência e ingenuidade, eu via uma missão nessas forças e não enxergava toda a corrupção existente nesses setores, nos quais, na maioria das vezes, prevalecem os interesses pessoais de uma minoria (o que normalmente envolve muitos milhões de dólares) em vez dos interesses coletivos. Tudo isso para controlar e manipular as massas de pessoas que são quem realmente fazem o mundo funcionar: trabalhadores, pais e mães de família que se esforçam dia a dia para conseguirem seu sustento.

E, de repente, em uma situação pessoal, aconteceu a **grande virada de chave da minha vida** e eu percebi qual era a única força capaz de transformar o mundo!

Fiquei doente com sérias complicações alérgicas, a ponto de não conseguir mais sair de casa: rinite – eu espirrava tanto enquanto dirigia que certa vez quase sofri um acidente grave –, herpes labial, sinusite, pitiríase versicolor nas costas e no couro cabeludo; ou seja, eu vivia doente e considerava isso normal, pois, afinal de contas, todo mundo fica doente um dia!

Eu realmente não entendia que a sobrecarga de trabalho em uma empresa que passava por uma crise grave, a pressão dos trabalhos da faculdade e dos problemas pessoais tinham ligação com as doenças físicas. Hoje as pesquisas de neurociência e de física quântica comprovam essa ligação, mas naquela época, no início dos anos 2000, não se falava sobre isso como atualmente.

Certo dia em que não fui trabalhar, meu marido me viu naquela situação péssima e perguntou se eu usaria um floral. Ele já estava cansado, porque eu estava viciada em descongestionante nasal e não dormia havia muito tempo, atrapalhando o sono dele também. Ele tinha um amigo que produzia florais muito bons e que poderiam funcionar para o meu caso. No auge da minha arrogância (até hoje peço perdão por isso) disse a ele que uma simples "aguinha feita de flores" não teria o poder de me curar.

– Imagine! – falei. – Os laboratórios investem milhões em pesquisas e não conseguem fazer remédios capazes de me curar! Imagina se um "bicho grilo" com essas aguinhas de flores vai conseguir!

E ele com toda a sabedoria que lhe é característica, me disse:

– Você não precisa acreditar, só precisa pingar na boca e no nariz e vemos o que vai acontecer... acho que mal não vai fazer! Por que você não experimenta?

– Tudo bem, pode trazer, afinal de contas, mal não vai fazer... – respondi.

No dia seguinte, ele me trouxe o floral e comecei a usá-lo por volta das 18h. Naquela noite dormi incrivelmente bem, como se algo mágico tivesse removido a doença por completo. Eu não acreditei como isso era possível, pois já usava os medicamentos alopáticos havia meses, sem nenhum sucesso. Na manhã seguinte, a alergia no couro cabeludo e nas costas já não coçava mais, os espirros cessaram, a respiração normalizou e eu estava em paz. Foi muito libertador, pois eu já não lembrava mais como era viver sem aqueles sintomas.

Cheguei até mesmo a pedir que meu marido perguntasse ao seu amigo se ele realmente tinha usado apenas flores, porque tive um grande choque em tudo o que eu acreditava até aquele momento. Tudo o que eu achava que sabia caiu por terra, e eu só pensava nesse assunto. Como? Como era possível?

Uma série de questionamentos rondava a minha mente:

1. Como que uma aguinha feita de flores pode ter mais poder do que um remédio químico?

2. Qual o mecanismo que desperta isso tudo?

3. Como essa energia "funciona" dentro do nosso corpo?

4. Será que tudo o que eu conheço está errado?

E havia uma frase que não saía da minha cabeça e ficava ecoando em minha mente: **"Preciso estudar e aprender tudo sobre isso"**.

O grande clique da minha vida foi perceber a relação da nossa energia com as doenças, e a partir desse momento mergulhei profundamente no estudo das emoções humanas, dos chacras, da bioenergia e comecei a ficar encantada com todo esse universo.

Dentro de mim só havia a vontade latente de compartilhar esses conhecimentos com o mundo!

Durante os mais de 15 anos que se passaram desde então, fui em busca de livros antigos (inclusive em outras línguas), gurus, cursos, estudos, e todo o tipo de informação e formação sobre esse assunto. Conheci o Reiki, a Radiestesia, a Radiônica, a Cromoterapia,

os cristais, os mantras, a meditação, o Karuna, o Seichim, a Psicoterapia Reencarnacionista e, em parceria com meu amigo Bruno J. Gimenes, nasceu a **Fitoenergética** e muitas outras técnicas.

Nessa jornada eu me aprofundei muito no estudo da bioenergia e da influência das emoções, dos pensamentos e dos sentimentos em nossa saúde.

Por mais de uma década atendi em consultório, trabalhando com a leitura de campo áurico e chacras, e comecei a me especializar nesse assunto. Ao entrar em contato com uma pessoa, rapidamente conseguia identificar as emoções que a estavam atrapalhando e causando doenças, mesmo que essa pessoa não dissesse uma única palavra. Para minha surpresa, o que mais começou a gerar espanto entre os meus consultantes eram os efeitos expressivos dos meus diagnósticos.

Como, ao identificar uma emoção e tratá-la, a doença física desaparecia? Como, ao tratar a ansiedade, a úlcera magicamente ia embora?

Como, ao tratar o desequilíbrio energético, as unhas que foram encravadas a vida inteira voltavam ao normal?

Qual a relação das emoções com as doenças físicas? E por que as pessoas ficavam tão impressionadas com os resultados?

A RESPOSTA É SIMPLES! *A força da consciência e da compreensão da nossa energia estava em ação... Ela estava despertando a chave da cura interior que todos nós temos!*

Estava nascendo o Código da Alma, uma compilação de segredos de épocas muito antigas com a incrível capacidade de atuar na essência do ser humano, no seu campo de energia ou aura.

Mas o fato é que só depois de muitos anos consegui comprovar e entender bem essa energia com efeitos incríveis, pois na época eu não entendia exatamente qual era o fenômeno em questão e, como percebi que havia algo muito importante acontecendo, decidi estudar a fundo o efeito da energia sutil e o poder oculto que existe em nossa consciência.

Mergulhei de corpo e alma nessa pesquisa. Abandonei meu emprego formal para dar vida a esse trabalho.

O estudo do Código da Alma começou especificamente no ano de 2002 e, mais tarde, depois de uma profunda e exaustiva pesquisa e extensa bateria de testes e comprovações, lancei o Treinamento Avançado, que já transformou a vida de milhares de pessoas que o estão aplicando para si e seus familiares.

Eu e meus sócios, Bruno J. Gimenes e Paulo Henrique T. Pereira, criamos a Luz da Serra, a instituição que é a base de todo o nosso trabalho, uma empresa próspera e genuinamente espiritualista.

Depois de começar a estudar psicossomática, bioenergia, linguagem do corpo, de produzir 14 obras, criar o canal Luz da Serra no YouTube, com centenas de vídeos e milhões de visualizações, e de ministrar centenas de cursos e palestras, depois de testar exaustivamente o método e de ajudar milhares de pessoas a saírem do ciclo da doença, consegui entender as chaves de acesso deste método que ajuda e vai continuar ajudando o Brasil a sair das teias terríveis do silencioso e assustador ciclo da doença.

Eu descobri que existem fatores que regulam o processo e que, se você não souber respeitá-los, simplesmente não atua na causa da doença e os resultados não aparecem.

Depois de praticamente 15 anos de vida do método do Código da Alma, eu pude aprender sobre o que realmente funciona e o que dá certo. **Além disso, aprendi o método certo para fazer do Código da Alma um sistema de melhoria constante de vida, incluindo harmonia nos relacionamentos, prosperidade, plenitude e saúde física – ou seja, um sistema de aumento real da imunidade.**

Eu posso lhe dizer que hoje tenho a vida dos meus sonhos e uma saúde perfeita, e grande parte disso veio do impacto que o Código da Alma produziu na minha vida. E o fato de poder multiplicar esses ensinamentos alimenta a minha alma profundamente.

Eu sou totalmente avessa e inconformada com esse sistema viciado em que vivemos, no qual somos dominados pela cultura de usar muitos remédios, com altos custos, muitos efeitos colaterais e quase nenhuma cura real. E, pelos elogios e agradecimentos que recebo diariamente, percebo que não sou só eu que quero um novo caminho, mais saudável e natural, em que a pessoa tenha autonomia, seja dona do seu nariz e a criadora de sua realidade. **Grande parte da nossa sociedade despertou para a gravidade do ciclo da doença e quer um método confiável e de fácil aplicação para ser o terapeuta da sua família, de si próprio, de outras pessoas, dos ambientes e até de seus animais de estimação.**

Hoje já não acredito mais que a ciência, a pesquisa, a medicina ou a política vão transformar o mundo. Acredito, em vez disso, que as terapias naturais, agindo na causa dos problemas, levam o indivíduo ao equilíbrio, ao centramento, à serenidade, e essas forças, sim, são capazes de impactar o nosso mundo positivamente!

Eu acredito que o Código da Alma é o método perfeito para essa mudança de vida que todos nós estamos precisando.

Acredito também que dentro de alguns anos essa visão será amplamente difundida em nossa sociedade e isso promoverá incríveis transformações de consciência e na forma como vemos o mundo e, sobretudo, como tratamos as doenças, em especial as crônicas.

E não importa se você está doente, se tem problemas de prosperidade, quer um relacionamento estável e feliz, se quer ajudar uma pessoa, se quer encontrar a missão da sua alma. **Tudo é possível com a boa aplicação do método do Código da Alma!**

E POR QUE EU ACREDITO NISSO?

Porque, ao longo dos anos estudando as emoções humanas e a bioenergia, aplicando nos meus consultantes e vendo os meus alunos usarem, além dos milhares de leitores dos meus livros, aprendi que a cura acontece quando atuamos na verdadeira causa. O maior erro que estamos cometendo, de fato, é tratar o efeito, o sintoma. Quando você trata apenas o sintoma, abandona a causa e dá vida ao que chamamos de ciclo da doença.

Agora eu quero lhe explicar exatamente como o ciclo da doença atua na sua vida:

Código da **Alma**

1. A dor ou a doença surgem. Você toma remédio e mascara a verdadeira causa ou atua apenas na consequência.

2. Você não melhora em essência, apenas distrai ou remedia a doença.

3. Os remédios e tratamentos geram efeitos colaterais, a sua energia, disposição e motivação ficam abaladas, porque você não se sente bem, porque não conseguiu conquistar a harmonia que tanto desejava ou porque já está sentindo efeitos colaterais dos tratamentos e medicações.

4. Sua crença na doença e na sua fragilidade aumenta, a sua confiança diminui e você se acostuma com uma vida mediana em que lhe parece que viver assim é normal.

Você começa a acreditar que a doença é algo comum e que faz parte da vida. Seus parentes, amigos e a sociedade também acreditam nisso. E mesmo que você sinta um desejo interior de partir para uma jornada de equilíbrio natural e transformação, a pressão social de amigos e parentes não lhe permite.

A qualquer sinal de mal-estar, dor ou doença, mesmo que temporário ou leve, você se entrega aos remédios, tratamentos convencionais e até cirurgias.

Esse ciclo gira e se autoalimenta por conta do estilo de vida atual. Como consequência, você não consegue ter a vida que sempre sonhou. E é nesse momento que lhe roubam a possibilidade de ter uma vida livre, porque você, sem perceber, foi pego pelas teias do ciclo da doença.

Se você souber usar bem as ferramentas que o Código da Alma pode lhe oferecer, **conseguirá sair do ciclo da doença para ter autonomia e liberdade, e assim a vida literalmente se abrirá para você.** É importante que você saiba também que a vida não é feita só de momentos bons e que as dificuldades surgem nas horas mais inusitadas. Mas, se você dominar técnicas como as que vou lhe mostrar neste livro, **se tornará autônomo para evoluir e ser feliz.**

Então imagine a possibilidade de enfrentar um problema normal da vida, como os muitos que seus amigos enfrentam ou já enfrentaram, mas de forma diferente, sabendo exatamente o que fazer para superar as dificuldades com suavidade e rapidez e, de quebra, ainda sair delas com sentimento de vitória e realização. Imaginou? Pois é isso que você pode conquistar.

Além do mais, se você é terapeuta, poderá se especializar no Código da Alma e tornar-se um profissional que ajuda outras pessoas a solucionar problemas, conquistar metas e sair do ciclo da doença.

O Código da Alma atua na causa e, se você tem um problema impregnado na sua personalidade e na sua aura, não basta simplesmente escrever as suas metas em um caderno e ficar visualizando que elas aconteçam. Você terá que tratar as causas invisíveis, energéticas e inconscientes.

Justamente por esses efeitos que o Código da Alma vem crescendo muito como ferramenta terapêutica na mão de profissionais.

Talvez o fator mais determinante para todo o processo seja a constatação de que ele realmente nos coloca em condição de revolucionar a forma como tratamos as verdadeiras causas das doenças: o fato de que nossos pensamentos, emoções e sentimentos são capazes de influenciar, positiva ou negativamente, nosso campo de energia. Em outras palavras, o que você pensa ou sente influencia a sua aura. Se os seus pensamentos e sentimentos são negativos, pessimistas, carregados de medo, culpa, angústia ou qualquer emoção não condizente com sua natureza, você afetará a sua aura de modo negativo.

Definitivamente, é nesse momento que, sem perceber, começamos a criar a doença.

E este é um dos maiores e mais graves erros do ciclo da doença: as medicações alopáticas não atuam em nosso campo energético, pois não são capazes de mudar os pensamentos, sentimentos e atitudes do ser humano.

Os remédios químicos não curam os medos e inseguranças, tampouco ajudam você a perdoar alguém ou tomar uma atitude certa, porque essas características são anímicas e não físicas.

O Código da Alma visa ao equilíbrio energético do nosso corpo, e por isso é eficiente em casos de insatisfação no trabalho, depressão, vazio no peito, conflitos de relacionamento, prosperidade bloqueada e nas doenças crônicas, porque atua no campo de energia de cada ser e modifica as características relacionadas aos pensamentos e sentimentos.

Uma vez que a aura é revitalizada da forma correta e nos pontos certos, todos os aspectos do indivíduo são renovados e harmonizados. Por consequência, os órgãos e as glândulas também têm sua vitalidade equilibrada e, então, a cura profunda acontece, **por meio da reforma íntima, do aumento da consciência e do autoconhecimento.**

Sempre recebi muitos e-mails de pessoas que leram os meus livros, pedindo que eu ensinasse as técnicas para qualquer caso e situação, para que elas pudessem se aprofundar em todas as ferramentas que sempre funcionaram para mim e para os meus consultantes. Essas pessoas queriam usar as técnicas e a fórmula que eu usava, para poder conseguir resultados rapidamente com o Código da Alma.

Foi por isso que passei os últimos anos dedicando muitas horas a escolher cuidadosamente qual seria o conteúdo perfeito e detalhado para oferecer na forma de um livro, com uma estrutura de fácil aprendizado.

Eu já venho falando sobre a real causa das doenças desde 2002, e agora decidi organizar este livro e mostrar detalhadamente esse conhecimento para que você compreenda de uma vez por todas a verdadeira natureza das doenças, saiba como mudar suas atitudes para sair delas e também possa ajudar outras pessoas.

Se você tiver um sistema como o Código da Alma, dominará um conhecimento que não encontra por aí. É algo que a nossa sociedade não conhece, e quem conhece não revela. Eu escrevi este livro para você dar um passo significativo e deixar de fazer parte das estatísticas do ciclo da doença.

Então, se você quer dar mais um salto e subir mais um degrau nessa escada de conhecimento, vou lhe mostrar agora este conteúdo com técnicas que podem ser feitas por qualquer pessoa e em qualquer lugar.

UM ALERTA IMPORTANTE!

Depois desses mais de 15 anos de estudo, de todos os livros que li, de todos os cursos que fiz, de todo material que pesquisei, das experiências que tive em consultório com os milhares de pessoas que atendi, posso afirmar com certeza que 99% das doenças vêm de um desequilíbrio emocional, mental ou espiritual.

Neste livro, você vai conhecer todas essas questões, vai entender o porquê de uma artrite, por exemplo. Vai compreender por que alguém tem cálculo renal ou o motivo para uma pessoa ter problemas de estômago. Você vai saber o que significa passar por um processo depressivo, qual a causa espiritual da bipolaridade e por que a síndrome do pânico está associada a questões de vidas passadas. E por que é importante saber tudo isso? Porque o nosso corpo se comunica conosco o tempo inteiro, emitindo sinais claros, códigos de tudo o que está acontecendo, e nós podemos aprender a decifrar as informações que ele nos transmite.

Por isso o nome deste livro é Código da Alma. A partir do momento em que conseguimos compreender o que nosso corpo está querendo dizer, podemos antever uma doença e nos antecipar para que ela não se manifeste no corpo físico.

Eu posso afirmar para você que nunca estive tão saudável em toda a minha vida. Quando estava com 20 e poucos anos, eu não tinha a saúde que tenho hoje, porque agora consegui desenvolver hábitos e práticas que me levaram a uma saúde perfeita. Hoje, quando tenho uma emoção negativa, paro imediatamente para fazer uma análise: penso no motivo de ela estar presente e me afetando; é como se fosse uma chave que você gira e que transforma essa emoção negativa em uma emoção positiva. É isso que desejo que aconteça com você durante esta jornada.

Certa vez testemunhei um caso de uma pessoa que teve várias pequenas doenças, numa sequência que parecia não parar nunca. A cada dia surgia algo novo, pequenas coisas que a incomodam muito. Percebi que essa pessoa não entendia o que estava acontecendo. Porém, ela não me pediu ajuda. E este é um alerta muito importante a se fazer já logo de início, principalmente se você ler este livro duas ou três vezes, ou acessar os materiais que recomendo aqui.

Atenção: *não tente doutrinar outras pessoas sobre o material deste livro, principalmente de maneira forçada! Você poderá ter muitos problemas!*

Vamos supor que um amigo ou conhecido seu diga que está com conjuntivite. Tendo estudado este material, você vai ter a resposta sobre qual emoção gerou essa doença. Outra pessoa pode dizer que está com dor de garganta. E você logo vai saber qual é a causa emocional. Então uma terceira pessoa comenta que torceu o pé. E você já vai saber o significado disso.

Portanto, tenha muito cuidado para não se transformar em uma pessoa chata. Isso mesmo! Porque, quando as pessoas vêm se queixar de uma doença, elas querem que você diga: "Oh, coitadinho!" De modo algum elas querem que você toque em suas feridas e lhes diga a verdade. No momento de dor, elas querem consolo, e não a verdade nua e crua, muito menos saber que a responsabilidade pela doença é totalmente delas. Então eu lhe aconselho a ir com calma, principalmente se for um recém-desperto. É compreensível que, quando alguém vier lhe contar que está doente por algum motivo, você diga: "Ah, mas também pudera! Você não faz isso, isso e aquilo, então é claro que vai ficar doente!"

É muito importante lembrar que não podemos emitir opiniões para quem não quer ouvir, para quem não está pronto, quando ainda não é o momento. E esse *feeling* nós só adquirimos com experiência, com vivência. É muito normal, no início, sentirmos uma vontade louca de sair correndo por aí contando para todos que existe uma forma natural e eficaz de cura, que tem resultados incríveis. Eu já passei por essa fase e vi outros milhares de terapeutas e estudantes da bioenergia passarem por isso também. **Por isso recomendo que você vá com calma, porque esse conteúdo é surpreendente, brilhante.** Em vários momentos você vai se perguntar: "Como eu não descobri isso antes?"

É preciso ter muito cuidado, porque vou revelar a você coisas incríveis aqui. Estudei profundamente vários dicionários de psicossomática, além de inúmeros livros com uma linguagem bastante difícil e procurei trazer este conteúdo de forma bem prática e simples, para que qualquer pessoa compreenda o que que está acontecendo com seu corpo quando ele adoece.

Vamos juntos nesta aventura?

CAPÍTULO 1

Todas as respostas estão na energia que o rodeia

O QUE É SAÚDE?

A Organização Mundial de Saúde (OMS) tem uma frase de que eu gosto muito, que diz o seguinte:

A saúde é um estado de completo bem-estar físico, mental e social, e não consiste apenas na ausência de doença ou de enfermidade.

Essa frase está na abertura do Estatuto da OMS, que foi escrito em 1946, na cidade de Nova York.

Desde 1946, a OMS traz o conceito de que saúde não é ausência de doença, mas um estado completo de bem-estar físico, mental, emocional, social e espiritual. É uma sensação de plenitude, quando nos sentimos plenos e felizes, e todas as nossas células vibram positivamente, gerando saúde e bem-estar.

O fato de uma pessoa estar com os exames em dia, o hemograma ótimo, o colesterol e a glicose em um nível aceitável não significa que ela esteja com saúde. **Muitas vezes, o exame clínico está bom, o corpo está bem, mas a pessoa está entristecida, não é feliz, sente muita raiva ou reclama de tudo.** Quem tem essas características não é saudável. Essas emoções, quando vivenciadas por muito tempo, acabam por desencadear doenças bem sérias que podem levar à morte. Portanto, é muito importante prestarmos atenção e fazermos uma avaliação da nossa vida, da vida dos nossos filhos e familiares, para analisar se eles realmente estão com saúde ou só com os exames clínicos em dia.

Por exemplo, uma pessoa que tem uma saúde de ferro e pratica exercícios está com o corpo físico em dia, mas se está sempre reclamando de alguma coisa, com a cara fechada e de mau humor, será que ela é mesmo saudável? Não, não é! **Porque saúde é um estado de harmonia, felicidade, bom humor e realização**, então esse seria o estado ideal de saúde, e não a ausência de doença.

É muito importante compreendermos esse conceito antes de darmos início a nossa jornada de descoberta do Código da Alma. E, antes de falar de emoções e de doença física, precisamos compreender a nossa energia, porque é nela que tudo começa e se processa.

COMPREENDA OS CHACRAS E A SUA ENERGIA

Tudo o que se manifesta em nosso universo material é feito de energia em estado livre ou condensado. O que podemos tocar, como uma cadeira, um objeto qualquer ou mesmo as nossas mãos, trata-se de energia agrupada. E aquilo que não vemos, mas podemos sentir, trata-se de energia solta, dispersa e livre, como a força do vento ou a luz do sol tocando nossa pele, por exemplo.

Desde o início do pensamento humano, todos nós buscamos explicar os fenômenos da natureza e hoje tanto a física clássica quanto a física quântica concordam que tudo o que existe está em diferentes estados de energia e que somos feitos das mesmas partículas com as quais o Universo foi criado. Nesse aspecto, fomos feitos à imagem e semelhança do Criador, pois somos constituídos da mesma energia cósmica que permeia tudo o que existe.

Há mais ou menos 10 mil anos, os hindus se especializaram no estudo da energia do corpo humano, dando origem ao que hoje conhecemos como Medicina Ayurvédica. Essa denominação tem origem nos Vedas, as sagradas escrituras hindus dadas pelo Deus Brahma aos humanos com a finalidade de que chegássemos mais rápido ao nosso estado de iluminação.

"Veda" significa conhecimento e certamente o povo hindu sempre esteve muito adiantado em seus estudos sobre a energia humana, tanto que até os dias atuais não podemos compreender como eles detinham tanto conhecimento sem os modernos equipamentos que encontramos na tecnologia de hoje.

Nessa tradição, encontra-se o estudo dos chacras, que se mantém vivo até os tempos atuais por reunir um esquema lógico de interação entre os centros de energia do nosso corpo e as sete glândulas endócrinas principais, que são capazes de secretar hormônios e diversas substâncias fundamentais para a manutenção da nossa saúde.

Nesse contexto, a palavra "chacra" significa roda ou centro energético, fluxo, redemoinho ou simplesmente roda de luz. Na Índia a pronúncia correta é "T'chakra", mas aqui no Brasil falamos chacras.

Os chacras são rodas de energia ou vórtices de luz presentes em nosso corpo. As principais literaturas de bioenergia falam em 90 mil chacras presentes no nosso corpo, mas acredita-se que existam muito mais.

No entanto, sete desses chacras são os grandes centros gerenciadores de energia responsáveis pelos chacras menores. Eles têm a função de captar a energia do ambiente e distribuí-la de forma natural e inteligente pelas camadas de nosso corpo, até que essa energia abasteça nossas glândulas endócrinas principais e os órgãos ligados a cada uma delas.

Se recebemos e distribuímos energia de qualidade e compatível com a nossa natureza, as nossas glândulas, órgãos e tecidos são vitalizados e têm cada vez mais saúde. O contrário também é verdadeiro: se recebemos e distribuímos energia desqualificada e incompatível com a nossa "máquina" humana, nosso sistema interno sofre uma desvitalização, que resulta em doença.

Essa relação é muito simples e foi amplamente constatada na minha experiência de mais de 15 anos em consultório atendendo a milhares de pessoas. Existem energias compatíveis com nossa natureza e elas nos trazem saúde. Contudo, também há energias desqualificadas e muito incompatíveis com nosso corpo, e elas nos deixam doentes. **Mas que energias são essas?**

São as provenientes dos nossos pensamentos, sentimentos e emoções. E nós temos um sistema interno inteligente muito capaz de identificar se aquilo que pensamos e sentimos é bom ou ruim. Trata-se de algo automático e inerente à nossa natureza: sabemos que raiva nos faz mal e que amor nos faz bem. Simplesmente sabemos!

A questão é que, se alguém sente uma mágoa por anos a fio, ela se instala em seu corpo materializando-se de uma forma alheia ao seu sistema e pode se transformar em algo estranho ao nosso organismo: um cisto, um cálculo, um tumor ou alguma patologia. A mágoa não é condizente com o nosso sistema; é como colocar o combustível errado em um carro: ele não liga, não anda ou perde performance, pois não fomos feitos para sentir mágoa.

Emoções como o medo, a mágoa ou a raiva são apenas recursos de alerta, um mecanismo inteligente do nosso corpo para avisar que algo está em dissonância com a nossa essência natural, que algo não está bem. As emoções negativas podem ser utilizadas como um recurso de alerta, mas não por muito tempo, pois, se as sentimos o tempo todo, elas causam desequilíbrio em nosso sistema imunológico e então as doenças se instalam.

Podemos comparar uma emoção negativa como o medo, por exemplo, ao nosso recurso de correr. Não é porque sabemos correr, que passamos as 24 horas do dia correndo. Se fosse assim, chegaríamos à exaustão. Assim como só corremos quando é necessário, podemos utilizar essas emoções negativas como marcadores situacionais, como sinalizadores de que algo não vai bem conosco, apenas por alguns minutos até compreendermos o que está acontecendo.

A nossa natureza é o amor, a compaixão, a fé, o prazer, a alegria, o otimismo, a motivação, a harmonia, a felicidade, a gratidão, o respeito, a admiração, a devoção, o altruísmo, o contentamento e a luz. Os grandes mestres espirituais nos dizem que a nossa missão aqui na Terra é expressarmos nossa beleza e sermos muito felizes, como um gato brincando em um jardim. Então, quando vivemos na simplicidade dos bons sentimentos e pensamentos, além de conectados à natureza, temos felicidade plena.

Já se estamos mergulhados em uma vida corrida, agitada, estressada, no piloto-automático e conectados a sentimentos e pensamentos de raiva, mágoa, medo, estresse, preocupação, competição, angústia, euforia, paixões obsessivas, desejos desenfreados, ansiedade, vingança e tantos outros, sentindo-os por muito tempo, vamos nos distanciando da fonte de saúde que encontramos nos sentimentos elevados.

O homem foi feito para sentir amor: esse é o nosso maior combustível, que nos traz estabilidade e alta performance em tudo o que fazemos. O amor é o que nos traz prazer, alegria, saúde e vitalidade.

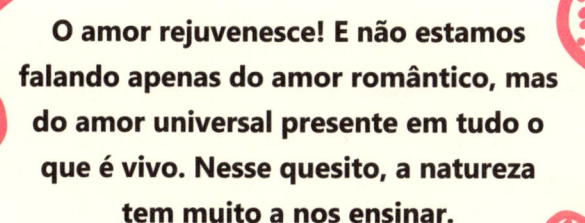

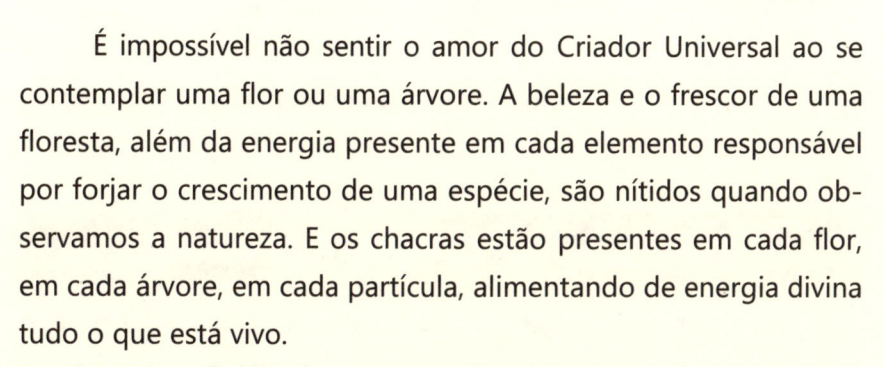

O amor rejuvenesce! E não estamos falando apenas do amor romântico, mas do amor universal presente em tudo o que é vivo. Nesse quesito, a natureza tem muito a nos ensinar.

É impossível não sentir o amor do Criador Universal ao se contemplar uma flor ou uma árvore. A beleza e o frescor de uma floresta, além da energia presente em cada elemento responsável por forjar o crescimento de uma espécie, são nítidos quando observamos a natureza. E os chacras estão presentes em cada flor, em cada árvore, em cada partícula, alimentando de energia divina tudo o que está vivo.

Aquele pássaro que canta ao amanhecer tem um chacra em sua garganta que o abastece de energia divina! A íris dos seus olhos possui chacras que os abastecem de luz para que você possa enxergar.

A Via Láctea é um chacra do nosso Universo, e o Sistema Solar é um chacra da nossa galáxia. Aquele ciclone que passa de vez em quando é o exemplo perfeito de um chacra, um vórtice de energia que está presente em todas as coisas. Costumo dizer que um ciclone ou um furacão é um chacra materializado.

Se você quer conhecer melhor o seu corpo, as suas emoções, os seus pensamentos e os seus sentimentos, enfim, quem é de verdade, precisa conhecer melhor os seus chacras.

Quando falamos do Código da Alma, essa necessidade é maior ainda, porque todas as vezes que você aplicar os exercícios deste livro estará acionando os seus chacras.

A seguir, você conhecerá os nomes e as funções dos principais chacras presentes no corpo humano, apresentados com seu nome popular, simplificado com números ordinais e também a versão original em sânscrito, para que você possa ter noção da origem desse conhecimento. Contudo, o nome não é o que mais importa, e sim os aprendizados associados.

Acho que você já percebeu que esse é um conhecimento importante, não é mesmo? Então, vamos conhecer os principais chacras humanos?

PRIMEIRO CHACRA OU MULADHARA

É o chacra conhecido como básico, base ou raiz e localiza-se na região do períneo, que é o espaço onde está a pele existente entre o ânus e os órgãos sexuais.

A missão desse ponto de energia é nos fazer andar sobre a Terra de forma leve, feliz e harmoniosa. É vinculado às glândulas suprarrenais e à produção de adrenalina. Quando está em equilíbrio, produz o espectro vermelho.

Esse chacra se desequilibra quando não conseguimos desenvolver nossa caminhada em razão de falta de estrutura, por não termos supridas as nossas necessidades básicas. Quando fica por muito tempo em desequilíbrio, podem ocorrer doenças nos ossos, no sangue, na coluna vertebral, nas pernas e nos pés. É associado ao elemento terra.

Sentimentos, pensamentos e emoções associadas ao desequilíbrio do 1º chacra: problemas familiares, excesso de responsabilidade pessoal, profissional ou familiar. Dificuldades na estrutura de vida como falta de dinheiro, emprego ou moradia. Quando as necessidades básicas não estão supridas.

Aspectos da consciência despertados quando o 1º chacra está em equilíbrio: energia de sobrevivência e bom funcionamento físico, estrutura de base, força de base, equilíbrio nas finanças, no trabalho e boa percepção de si mesmo (autoconsciência).

SEGUNDO CHACRA OU SWADHISTANA

É o nosso 2º chacra, conhecido como sacro ou sexual. Localiza-se sobre os órgãos sexuais. A missão desse plexo é que tenhamos sucesso e harmonia nos relacionamentos, em nossa autoestima e em sentir prazer em viver a vida.

É vinculado às glândulas sexuais, à produção de testosterona nos homens e de progesterona nas mulheres. Quando está em equilíbrio, produz o espectro da cor laranja. Esse chacra se desequilibra quando não conseguimos nos relacionar de forma harmoniosa com as outras pessoas e conosco. Quando fica por muito tempo em desequilíbrio, podem ocorrer doenças físicas na região dos órgãos sexuais e do baixo ventre. É associado ao elemento água, que representa o líquido amniótico do útero materno.

Sentimentos, pensamentos e emoções associadas ao desequilíbrio do 2º chacra: dificuldades nos relacionamentos com cônjuges, parentes, amigos e consigo mesmo. Autopodar-se de realizações na vida, falta de aceitação do corpo, baixa autoestima e dificuldade em viver os prazeres da vida.

Aspectos da consciência despertados quando o 2º chacra está em equilíbrio: equilíbrio da sexualidade, vínculos e relacionamentos. Prazer pela vida, autorrespeito, autoestima e autoconfiança.

TERCEIRO CHACRA OU MANIPURA

É o nosso 3º chacra, vinculando-se ao centro de energia conhecido como umbilical.

A missão do 3º chacra ou plexo solar é exercer o nosso poder pessoal na Terra de forma equilibrada, não permitindo que o ego negativo vença, mas também impedindo que exista vitimização e autopiedade.

Poderíamos dizer que a missão desse chacra é contribuir para que vivamos a vida com sabedoria, trilhando o caminho do meio, através da compaixão, da tolerância e do contexto de eternidade.

O 3º chacra é vinculado aos órgãos do sistema digestivo e à produção de insulina, suco gástrico, diversos ácidos e outras substâncias estomacais. Quando está em equilíbrio, produz o espectro amarelo, a cor vinculada ao poder e à sabedoria.

Esse corpo se desequilibra quando não conseguimos exercer o nosso poder de forma harmoniosa e nos descontrolamos, produzindo raiva, medo, mágoa, ansiedade, compulsão, paixões obsessivas e tantas outras emoções negativas!

Quando fica por muito tempo em desequilíbrio, podem ocorrer doenças físicas nos órgãos vinculados à digestão: fígado, estômago, intestinos, baço e pâncreas. No desequilíbrio desse chacra é que muitas vezes nos perdemos nas paixões, obsessões e desejos desenfreados. É a força mais difícil de ser equilibrada.

É associado ao fogo, que é um elemento volátil. Quando em desequilíbrio, pode tanto se apagar quanto causar um incêndio com grandes danos ao nosso corpo, mente e espírito. Se equilibrado, é como uma fogueira, capaz de nos aquecer e auxiliar no cozimento de nossos alimentos. Esse fogo representa a nossa vontade incendiada, equilibrada ou apagada.

Sentimentos, pensamentos e emoções associadas ao desequilíbrio do 3º chacra: raiva, medo, insegurança, mágoa, tristeza, remorso, arrependimento, não engolir a vida, falta de aceitação, intolerância, desejos não realizados, ansiedade, angústia, pânico, não perdoar, se vitimizar, excesso de infantilidade, falta de flexibilidade, carência afetiva, vergonha, culpa.

Aspectos da consciência despertados quando o 3º chacra está em equilíbrio: poder pessoal, alegria, autoconfiança, coragem, emoções e desejos equilibrados, tolerância, perdão, gratidão, respeito e equilíbrio de modo geral.

QUARTO CHACRA OU ANAHATA

É o nosso 4º chacra, conhecido como cardíaco. A missão dele é o equilíbrio entre nosso "eu terreno" e nosso "eu divino". Vinculado ao sentimento de amor, compaixão, sabedoria, paz, equilíbrio e cura, o 4º chacra é associado aos órgãos do sistema cardíaco e respiratório e à produção de hormônios da glândula timo.

Quando está em equilíbrio, produz o espectro verde, a cor vinculada ao equilíbrio, à cura e ao amor universal. Esse chacra se desequilibra quando não conseguimos amar com equilíbrio e quando nos deixamos levar pelos apegos e pelo materialismo excessivo. Quando fica por muito tempo em desequilíbrio, podem ocorrer doenças físicas nos órgãos vinculados ao sistema cardíaco e respiratório: coração, sistema vascular e pulmões.

É associado ao elemento ar, aos pulmões, à respiração e ao coração, que revela o poder sublime do amor verdadeiro, incondicional e compassivo. Esse chacra em equilíbrio nos revela uma sensibilidade romântica, sutil e amorosa.

Sentimentos, pensamentos e emoções associadas ao desequilíbrio do 4º chacra: sentimentos reprimidos, tristeza, não achar graça na vida, materialismo excessivo, falta de compreensão, falta de sensibilidade, excesso de apego por tudo, dores de perda e abandono.

Aspectos da consciência despertados quando o 4º chacra está em equilíbrio: sentimentos nobres, altruísmo, amor romântico, amor universal e incondicional, amor por si mesmo, intuição, sabedoria, compaixão, discernimento.

QUINTO CHACRA OU VISHUDDA

Conhecido como laríngeo, a missão desse chacra é a comunicação e a expressão de nosso "eu divino". Ele também está vinculado à realização de projetos, metas e objetivos, ou seja, colocar em prática aquilo que se deseja. Esse chacra é associado à garganta, às glândulas tireoide e paratireoide e à produção de tiroxina, um hormônio que purifica o sangue e regula o peso do corpo físico.

Se está em equilíbrio, produz o espectro azul claro, a cor vinculada à paz celeste e à tranquilidade. Esse chacra se desequilibra quando não conseguimos expressar nossos ideais por meio da fala, dos gestos, da escrita ou das artes, ao bloquearmos nossas formas de expressão por vergonha ou timidez. Quando fica por muito tempo em desequilíbrio, podem ocorrer doenças físicas na região da garganta, dos ombros, dos braços e das mãos – que são extensões de nossa garganta.

Associado ao elemento som, quando em equilíbrio, esse chacra emana para o Universo o sinal sonoro correspondente a tudo o que desejamos materializar e realizar. É a força da materialização que reside em nossa garganta (através das palavras que proferimos) e em nossas mãos (através das ações que realizamos), para captar uma energia imaterial e transformá-la em realização material.

Sentimentos, pensamentos e emoções associadas ao desequilíbrio do 5º chacra: não conseguir falar, não conseguir opinar, não conseguir verbalizar ou expressar os sentimentos, engolir os sentimentos reprimidos, não conseguir colocar em prática os projetos, procrastinar.

Aspectos da consciência despertados quando o 5º chacra está em equilíbrio: autoexpressão, criatividade, materialização de ideias, realizações, inteligência em ação.

SEXTO CHACRA OU AJÑA

Conhecido como frontal, a missão do 6º chacra é a sincronização de nossa mente com os ideais e os objetivos da Mente Divina para que possamos realizar, por meio de nossos pensamentos, os projetos divinos.

Ele também está vinculado à consciência espiritual e à criação de realidades supremas. Também está ligado ao lobo frontal, aos olhos, aos ouvidos e às narinas, conectando-se ao corpo físico por meio da glândula hipófise ou pituitária. Se está em equilíbrio, produz o espectro azul índigo, a cor vinculada à consciência, à Mente Divina, ao conhecimento e ao discernimento.

O 6º chacra se desequilibra quando não conseguimos organizar os nossos pensamentos, quando há confusão mental e ideias fúteis, desconectadas da Mente do Grande Criador. Quando fica por muito tempo em desequilíbrio, podem ocorrer doenças físicas na região dos ouvidos, do nariz, dos olhos e do cérebro. É associado ao elemento luz, o que pode ocorrer em práticas muito profundas, meditativas e contemplativas. Nesse nível, a mente se torna una com a mente de Deus, e os poderes mentais adquirem aspectos divinos.

Esse é um dos chacras mais difíceis de se obter equilíbrio, pois o psiquismo contaminado da Terra, somado à mente agitada do homem moderno, causa bloqueios tão grandes, que dificilmente a energia cósmica consegue permear o 6º chacra livremente sem encontrar nenhum bloqueio.

Existem relatos de gurus e grandes iniciados que mencionam esse nível como o encontro com a "Mãe Divina", mas para isso são necessárias práticas avançadas de yoga, meditação e contemplação.

Sentimentos, pensamentos e emoções associadas ao desequilíbrio do 6º chacra: ceticismo, materialismo excessivo, excesso de preocupações na vida, não saber dar limites, excesso de negatividade, raiva do mundo, futilidade, dificuldade em viver a vida, excessiva visão racional e lógica de tudo.

Aspectos da consciência despertados quando o 6º chacra está em equilíbrio: responsabilidade por si mesmo, discernimento, inteligência, consciência, intuição, clarividência, cocriação do Universo.

SÉTIMO CHACRA OU *SAHASHARA*

Chamado de coronário ou da coroa, é também conhecido como chacra *akhásico*, ou seja, o chacra em que reside nosso *akasha*, a morada do espírito, onde constam nossos registros, nossas memórias, nosso inconsciente e nosso DNA espiritual.

A missão do 7º chacra é a conexão com a Fonte Divina, nosso relacionamento espiritual, com o sentimento de amor divino e a fé. Esse corpo é vinculado ao cérebro, conectando-se ao corpo físico por meio da glândula epífise ou pineal, controlando a produção das glândulas de todos os chacras antes citados.

Quando está em equilíbrio, produz o espectro violeta, branco ou dourado, cores vinculadas à Divindade. O 7º chacra desequilibra-se quando não conseguimos desenvolver a espiritualidade, quando existe ceticismo, falta de fé e de relação com o Divino.

Quando fica por muito tempo em desequilíbrio, podem ocorrer doenças degenerativas do cérebro, síndrome do pânico, depressões e tendência suicida.

No momento da meditação, a energia que sobe pelos chacras chega a esse nível pouco conhecido (raros são os relatos), assume a forma da própria energia cósmica e transita livremente pelo nosso espírito, proporcionando o processo ascensional de libertação da matéria, pois há a completa compreensão e realização da missão da alma. Raros são os que já atingiram esse ápice, que normalmente se dá com gurus, santos e Grandes Mestres da Humanidade.

Sentimentos, pensamentos e emoções associadas ao desequilíbrio do 7º chacra: negligência espiritual, alienação da causa e missão pessoal, falta de fé, incredulidade, não aceitar o mundo, não se ligar a uma consciência divina, não crer em Deus, rejeitar sua origem e criação.

Aspectos da consciência despertados quando o 7º chacra está em equilíbrio: ligação com a essência da alma, vontade e propósito espiritual, missão da alma e sentido da vida.

CADA VEZ QUE DESPERDIÇAMOS A NOSSA ENERGIA VITAL em momentos de estresse, raiva, preocupação, pessimismo ou tristeza, apenas para citar alguns exemplos, nossos chacras se enfraquecem, perdem performance. Com o passar do tempo, se essa energia não é reposta ou recolocada da maneira correta, a doença se instala.

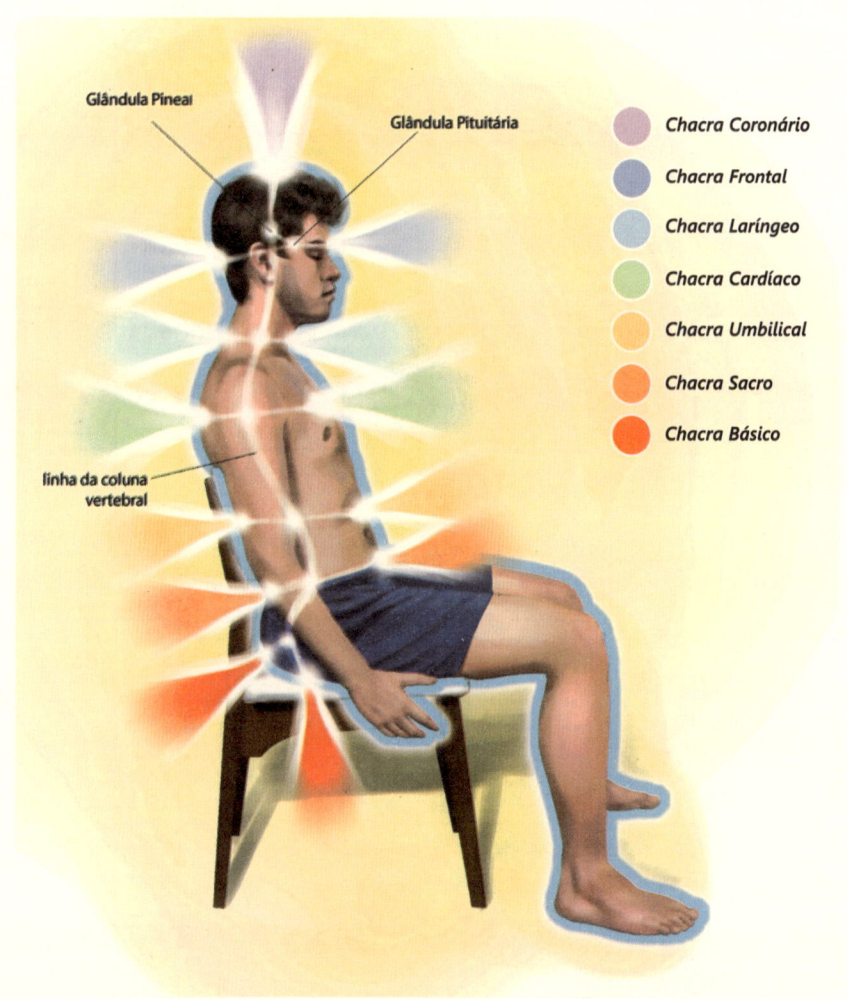

Ilustração: Leonardo Dolfini

    Dentro de cada um de nós existe uma força curativa que repõe toda essa energia que perdemos, basta que você abra as portas da sua vida e introduza em sua rotina alguns exercícios que vai aprender aqui. Cada momento de prática e dedicação diária é capaz de nos oferecer cura em algum nível.

Tabela 1: Chacras, suas características, classificações e relações

Chacra	Nome em sânscrito	Aspecto da consciência	Cor*	Mantra	Localização
7. Coronário	*Sahasrara*: significa lótus das mil pétalas	Ligação com a essência da alma, vontade e propósito espiritual, missão da alma, sentido da vida	Violeta	–	Alto da cabeça
6. Frontal	*Ajña*: significa centro de comando	Responsabilidade por si mesmo, discernimento, inteligência, consciência, intuição, clarividência, cocriação do Universo	Índigo	Om	Centro da testa a aproxim. 1 cm acima das sobrancelhas
5. Laríngeo	*Vishuddha*: significa o purificador	Autoexpressão, criatividade, materialização de ideias, realizações, inteligência em ação	Azul-celeste	Ham	Garganta
4. Cardíaco	*Anahata*: significa o inviolável	Amor, sentimentos, altruísmo, amor por si mesmo, intuição, sabedoria, compaixão, discernimento	Verde	Yam	Região central do peitoral
3. Umbilical	*Manipura*: significa cidade das joias	Poder pessoal, alegria, perdão, autoconfiança, coragem, emoções, desejos, equilíbrio, tolerância, gratidão, respeito	Amarelo	Ram	Estômago
2. Sacro	*Swadhistana*: significa morada do prazer	Sexualidade, relacionamentos e vínculos, prazer pela vida, autorrespeito, autoestima	Laranja	Vam	Abdômen inferior, 3 cm abaixo do umbigo
1. Básico	*Muladhrara*: significa base	Energia de sobrevivência e funcionamento físico, estrutura de base, forças de base, relacionado ao dinheiro, trabalho, percepção de si mesmo	Vermelho	Lam	Base da coluna

* O chacra só vibra na cor especificada se estiver em equilíbrio, caso contrário pode vibrar em diferentes tonalidades.

Zonas do corpo correspondentes	Glândulas	Hormônios	Elemento	Nota musical	Nº de pétalas
Parte superior do cérebro	Epífise ou pineal	Serotonina	–	Si	972
Olhos, têmporas, sistema nervoso	Hipófise ou pituitária	Vasopressina	–	Lá	96
Garganta, boca, ouvidos	Tireoide e paratireoide	Tiroxina	Éter	Sol	16
Coração, sistema circulatório, sangue	Timo	Hormônio do timo	Ar	Fá	12
Fígado, baço, estômago, intestino delgado, vesícula biliar	Pâncreas	Insulina	Fogo	Mi	10
Abdômen inferior, útero, intestino grosso, sistema reprodutor	Gônadas, ovários e testículos	Testosterona e progesterona	Água	Ré	6
Rins, bexiga, reto, coluna vertebral, quadris, ossos	Suprarrenais	Adrenalina e neuroadrenalina	Terra	Dó	4

Tabela 2: Doenças/desequilíbrios x causas x chacras relacionados

Localização na aura	Localização no corpo físico	Alguns comportamentos que podem gerar desequilíbrios	Algumas doenças que os desequilíbrios podem gerar
7. Coronário	Alto da cabeça	Negligência espiritual, alienação da causa e missão pessoal, falta de fé, incredulidade, não aceitar o mundo, não se ligar a uma consciência divina, não crer em Deus, brigar com Deus, rejeitar sua origem e criação etc.	Desequilíbrio do relógio biológico e do sono. Estado de torpor constante. Estado de espírito alterado. Desarmonia nos vínculos entre corpo físico e corpos sutis. Não integração total da personalidade com a vida e os aspectos espirituais. Tumores no cérebro. Obsessões espirituais. Depressões. Mal de Alzheimer. Mal de Parkinson. Esquizofrenia. Epilepsia. Influencia a função de todos os outros chacras.
6. Frontal	Centro da testa a cerca de 1 centímetro acima das sobrancelhas	Ceticismo, materialismo excessivo, excesso de preocupações na vida, não saber dar limites na vida, excesso de negatividade, raiva do mundo, futilidade, dificuldade em viver a vida, excessiva visão racional e lógica de tudo, etc.	Incapacidade de visualizar e compreender conceitos mentais. Incapacidade de pôr ideias em prática. Influencia a função de todas as outras glândulas. Dores de cabeça. Sinusite. Confusão mental. Dificuldade de concentração. Memória ruim. Otites. Hiperatividade mental.
5. Laríngeo	Garganta	Não conseguir falar, não conseguir opinar, não conseguir verbalizar ou expressar os sentimentos, "engolir" os sentimentos reprimidos, não conseguir pôr em prática os projetos, etc.	Falta de criatividade para verbalizar pensamentos. Dificuldade de expressão e comunicação, principalmente em público. Asmas. Artrites. Alergias. Laringites. Dores de garganta. Problemas menstruais. Herpes e aftas na boca. Problemas de cabelo e pele. Descontrole do crescimento do corpo na infância. Bócio. Herpes. Câncer na garganta. Perda da voz. Surdez. Problemas nos dentes e gengivas.

Localização na aura	Localização no corpo físico	Alguns comportamentos que podem gerar desequilíbrios	Algumas doenças que os desequilíbrios podem gerar
4. Cardíaco	Região central do peitoral	Sentimentos reprimidos, tristeza, não achar graça da vida, materialismo excessivo, falta de compreensão, falta de sensibilidade, excesso de apego por tudo, dores de perda e abandono, etc.	Infartos. Angina. Taquicardia. Paradas respiratórias. Deficiência pulmonar. Circulação precária. Baixa imunidade. Enfisema pulmonar. Câncer de mama. Lúpus. Doenças do sangue em geral. Doenças arteriais. Gripes.
3. Umbilical	Estômago	Raiva, medo, insegurança, mágoa, tristeza, remorso, arrependimento, não engolir a vida, falta de aceitação, intolerância, desejos não realizados, ansiedade, angústia, pânico, não perdoar, vitimizar-se, excesso de infantilidade, falta de flexibilidade, carência afetiva, vergonha, culpa.	Deficiência digestiva e estomacal. Úlcera. Gastrite. Oscilações de humor. Depressões. Introversão. Hábitos alimentares anormais. Instabilidade nervosa. Câncer de estômago. Desequilíbrio emocional. Inseguranças. Medos e Pânicos. Agonias. Ansiedade. Diabetes. Obesidade. Pancreatite. Hepatites. Compulsão por consumo. Hérnia de hiato.
2. Sacro	Abdômen inferior, 3 centímetros abaixo do umbigo	Dificuldades nos relacionamentos com cônjuges, parentes, amigos, etc. Autopodar-se de realizações na vida, falta de aceitação do corpo, baixa autoestima, dificuldade em viver a vida etc.	Deficiências no sistema linfático. Falta de orgasmo. Incapacidade de ereção. Ejaculação precoce. Descontroles no fluxo menstrual. Acúmulo de gordura acentuado na região do quadril. Obesidade em geral. Cistos nos ovários. Infertilidade.
1. Básico	Base da coluna	Problemas familiares, excessos de responsabilidade, pessoal, profissional, familiar etc. Dificuldades na estrutura de vida, falta de dinheiro, falta de emprego.	Indisposição física. Falta de vitalidade. Dores nas juntas. Torcicolo. Nervo ciático. Desânimo de viver. Falta de entusiasmo. Falta de aterramento no plano Terra. Problemas nos ossos. Hemorroidas. Unha encravada crônica. Infecção de rins e bexiga.

Analisando os chacras, podemos perceber que cada um deles representa um "eu" separadamente, e unidos formam o ser humano integral, possuindo muitos desafios a cumprir em cada um desses aspectos.

Tudo o que acontece nesses sete centros não materiais é refletido no corpo físico. E tudo aquilo que fazemos ao nosso corpo físico é gravado nos chacras e ecoa pela eternidade.

Embora abandonemos nosso corpo físico no final de cada vida, ele deve ser honrado, cuidado e preservado, para que os corpos sutis estejam sempre saudáveis e para que a força da energia cósmica consiga fluir livremente pelos chacras com equilíbrio e propósito.

Você já deve ter sentido uma vontade incontrolável de consertar e arrumar tudo o que lhe traz insatisfação. No nosso eu interior existem portais de cura e seres de luz capazes de organizar todos os níveis e dimensões do nosso ser.

Talvez você ainda não acredite que tem todo esse poder, visto que isso não é amplamente divulgado ou porque não somos educados para encontrar soluções internas, mas para buscar remédios em uma farmácia.

Porém, eu sou uma testemunha, a prova viva de que o ser humano pode encontrar cura de forma natural e sem contraindicações, pois nós mesmos podemos transformar nossa saúde, nossos pensamentos e nossas emoções com a ajuda dos elementos da natureza, como as plantas, os cristais, as cores e os sons. Tudo isso foi desenhado pelo nosso Criador sob medida para o nosso organismo e, por essa razão, não há contraindicações nem efeitos colaterais. Mas é claro que isso não é lucrativo para o sistema que nos induz a consumir medicamentos.

A indústria dos remédios e cirurgias precisa de consumidores, e os que mais interessam são aqueles que têm doenças crônicas, pois consomem remédios com regularidade.

Claro que os medicamentos são importantes e fundamentais na nossa vida, mas não parece estranho que você tenha acesso imediato a um comprimido e que para encontrar um pé de hortelã seja tão mais difícil? Não parece uma conspiração que procura nos tornar escravos dos medicamentos?

A mídia, as propagandas e tudo o que está ao nosso redor nos induz a fazer parte do ciclo da doença, autoalimentado por nossa condição doente, que começa com uma estrutura preparada e montada como uma arapuca para nos capturar.

No livro do Código Internacional de Doenças (CID), mais de duas mil doenças novas são catalogadas a cada ano, e isso só demonstra o desequilíbrio de nossos pensamentos, sentimentos e emoções, que são portas de entrada para todo tipo de enfermidade.

Você quer continuar vivendo nessa atmosfera doente ou quer rasgar esse véu e subir alguns degraus para ter visão além do alcance? Se quiser, vamos em frente, porque você está no caminho certo!

OS MISTÉRIOS DA AURA

A aura humana é uma emanação de energias sutis e magnéticas produzida pelo movimento dos chacras. Todos os corpos, inclusive o físico, possuem esse campo magnético que se irradia de cada indivíduo, como os raios solares emanam do sol, produzindo luz.

A aura, embora ignorada pela maior parte das pessoas em seus estados normais de consciência, é percebida e claramente reconhecida por indivíduos que se encontram em condições adequadas de sensibilidade, chamados sensitivos ou mediúnicos. Porém, qualquer pessoa com um pouco de treino é capaz de visualizar a energia da aura, e você vai aprender várias técnicas de visualização no capítulo de exercícios e práticas do método Código da Alma.

É importante observarmos que existe uma correlação entre o estado geral de corpo-mente-alma de uma pessoa e seu corpo vibratório. Danos à alma, tensão e fraquezas físicas tornam-se perceptíveis, antes mesmo de se manifestarem no corpo físico, tais como depressões, fadigas e doenças. Quem passa por qualquer situação estressante ou desagradável, terá chances de se recuperar mais rapidamente se seu campo áurico estiver fortalecido e equilibrado.

A aura é a extensão sutil da personalidade – que tanto pode produzir quanto receber impressões, e graças a ela, travamos contatos muito diferentes dos contatos físicos. Sentimos atração ou repulsão instintiva por pessoas e ambientes, muitas vezes (aparentemente) sem razão de ser. Entretanto, a atração e a repulsão revelam uma harmonia ou uma desarmonia intrínseca entre auras diferentes.

A aura varia de muitas maneiras. Em primeiro lugar, sua área e extensão depende do desenvolvimento da alma e da mente de cada um de nós. Em indivíduos primitivos, rudes, brutos, essas forças interiores são naturalmente rústicas e rudimentares, enquanto o contrário se dá entre pessoas altamente evoluídas e inteligentes.

As características da aura variam, igualmente, segundo os nossos comportamentos – o agressivo e o requintado, o insensível e o sensível, o nervoso e o tranquilo – que manifestam auras diferentes, de acordo com seu caráter e estilo de vida.

Um outro elemento que atua sobre a complexidade e diversidade da aura são as emoções, paixões, pensamentos e sentimentos, que possuem características próprias às irradiações áuricas.

A aura é também um guia infalível do nosso estado de saúde.

Nas pessoas saudáveis, a energia da aura se expande com um brilho intenso e cristalino. Já nos indivíduos doentes as cores são apagadas e sombrias, enquanto as doenças mais graves são indicadas por manchas opacas e escuras sobre as partes afetadas.

Através do nosso comportamento, todos nós criamos a nossa própria identidade áurica, que revela nosso temperamento, disposição e estado de saúde. Tudo que é vivo na natureza produz sua própria aura.

As mais recentes pesquisas de física quântica já demonstram que tudo o que ocorre no corpo físico está relacionado ao plano energético. A aura apresenta as causas de nossas enfermidades.

Em consequência, é bastante lógico intervir preventivamente no corpo energético através das técnicas utilizadas nas terapias vibracionais. Se a doença se apoderou do corpo físico, é conveniente fazer duas intervenções simultâneas: a intervenção no corpo físico, com a medicina alopática convencional para agir mecanicamente nas partes afetadas pela doença; e a intervenção no corpo energético, com as técnicas vibracionais, a fim de eliminar a causa que está gerando a enfermidade.

É evidente que nosso caráter verdadeiro está projetado na aura; é nela que estão guardados nossos maiores segredos, aquilo que somos, intrinsecamente, e não o que parecemos ser ao olho visível. De nenhuma outra maneira podemos explicar a atração ou repulsa que sentimos tão frequentemente quando encontramos certas pessoas pela primeira vez. É a ação invisível da aura que nos alerta sobre o que o outro representa: muitas vezes uma ameaça. As pesquisas de cientistas provam, exclusivamente, que todos os corpos, animados ou inanimados, emitem uma radiação sutil. Essa emanação recebeu vários nomes ao longo da História:

A energia, seus nomes e propriedades ao longo da História

Época	Lugar/Pessoa	Nome da Energia	Propriedades Atribuídas
5000 a.C.	Índia	Prana	Fonte básica de toda a vida.
3000 a.C.	China	Ch'i, Yin e Yang	Presente em toda a matéria. Constituída por duas forças polares; o equilíbrio das duas forças polares = representa a saúde.
500 a.C.	Grécia Pitágoras	Energia vital	Percebida como um corpo luminoso que geraria a cura.
1200	Europa Paracelso	*Iilliaster*	Força vital e matéria vital; cura; trabalho espiritual.
1800	Anton Mesmer	Fluido magnético	Poderia carregar objetos animados ou inanimados; hipnose; influência a distância.
1800	Wilhelm Von Leibnitz	Elementos Essenciais	Centros de força contendo sua própria fonte de movimento.
1800	Wilhelm Von Reichenbach	Força ódica	Comparação com o campo magnético.
1911	Walter Kilner	Aura Atmosfera humana	Telas coloridas e filtros usados para ver as três camadas da aura; correlação entre configuração da aura e doenças.

Época	Lugar/Pessoa	Nome da Energia	Propriedades Atribuídas
1940	George de La Warr	Emanações	Desenvolveu instrumentos radiônicos para detectar a radiação de tecidos vivos; usados para diagnóstico e cura a distância.
1930-1950	Wilhelm Reich	Orgônio	Desenvolveu um tipo de psicoterapia usando a energia do orgônio no corpo humano; estudou a energia na natureza e construiu instrumentos para detectar e acumular o orgônio.
1930-1960	Harold Burr e F.S.C. Northrup	Campo da vida	O campo da vida dirige a organização de um organismo; desenvolvida a ideia de ritmos circadianos.
1950	L.J. Ravitz	Campo do pensamento	O campo do pensamento interfere no campo da vida, produzindo sintomas psicossomáticos.
1970-1989	Robert Becker	Campo eletromagnético	Medidas diretas dos sistemas de controle de corrente ao corpo humano; relacionou resultados com a saúde e com a doença; desenvolveu métodos para apressar o desenvolvimento dos ossos usando a corrente elétrica.
1970-1980	John Pierrakos, Richard Dobrin e Bárbara Brennan	CEH	Observações clínicas relacionadas com reações emocionais; medidas tomadas em quarto escuro relacionadas com a presença humana.
1970	David Frost, Bárbara Brennan e Karen Gestla	CEH	Curvatura de laser por CEH.

Época	Lugar/Pessoa	Nome da Energia	Propriedades Atribuídas
1970-1990	Hiroshi Motoyama	Ch'i	Medições elétricas de meridianos acupunturais; usadas para o tratamento acupuntural; usadas para o tratamento e o diagnóstico de doenças.
1970-1990	Victor Inyushin	Bioplasma	CEH tem um bioplasma constituído de íons livres; quinto estado da matéria; equilíbrio entre íons positivos e negativos representa a saúde.
1970-1990	Valerie Hunt	Biocampo	A frequência e a localização do biocampo em seres humanos são medidas eletronicamente; resultados relacionados com os de pessoas que leem a aura.
1970-1990	Andria Puharich	Campo intensificador da vida	Os campos magnéticos alternados que aumentam a vida são medidos (8 Hz) em mãos de curadores; descobriu-se que as frequências mais elevadas ou mais baixas são prejudiciais à vida.
1980-1990	Robert Beck	Ondas de Schumann	Relacionou pulsações magnéticas de curadores com o campo magnético da Terra.
1980-1990	John Zimmerman	Ondas cerebrais	Mostrou que os cérebros dos curadores entram em sincronização esquerda/direita em alfa, como fazem os pacientes.

O especialista londrino em Medicina Elétrica, Dr. Walter J. Kilner, por meio de um cristal denominado tela Kilner, observou o fato curioso de que uma forte aura positiva reage na presença de uma aura fraca de tipo negativo da mesma forma que uma pilha perde carga quando ligada a outras pilhas descarregadas. Por outro lado, a aura fraca, que é um sinal de vitalidade reduzida, atua como uma esponja psíquica ou "vampiro" sobre as demais auras que a rodeiam, absorvendo suas energias.

A experiência do Dr. Kilner demonstra claramente o que acontece quando, motivados e alegres, nos aproximamos de alguém que está triste, cabisbaixo, infeliz e reclamando da vida: a tendência dos corpos é a compensação e o equilíbrio, e a pessoa que está distante de sua natureza e atravessando períodos difíceis suga completamente a energia de quem se encontra feliz e com alto astral.

No capítulo de exercícios, você encontrará formas de proteger o seu campo de energia dos perigos do dia a dia que podem causar o enfraquecimento da sua aura.

AS CAMADAS DO CAMPO ÁURICO

Quase todos os pesquisadores concordam que existem sete camadas em nosso campo áurico, todas distintas e com características próprias. As camadas ímpares possuem uma estrutura mais definida, e as pares são menos estruturadas, mais fluidas e se apresentam em constante movimento.

Todas as camadas interpenetram-se entre si: a sétima penetra até o corpo físico, a sexta invade as cinco inferiores e também a física e assim sucessivamente até chegar a primeira camada, que é a mais próxima do corpo físico.

Cada camada da aura está associada a um dos sete chacras principais e suas glândulas correspondentes, sendo as três primeiras camadas associadas à energia do mundo físico. Já a quarta camada é neutra, pois nos liga às três camadas superiores, que metabolizam as energias relacionadas ao plano espiritual.

A cada camada da aura foi dado um nome, que revela a sua função. Obviamente o comprimento das camadas, também chamadas de corpos sutis, não é fixo e varia no mesmo indivíduo em razão do que ele está vivendo. Ou seja, se uma pessoa se encontra em um estado de profunda meditação, a aura se apresentará muito mais extensa e as cores serão muito mais vivas e brilhantes; se a pessoa está em um momento de tensão e estresse, as camadas apresentam-se mais retraídas e com cores opacas e disformes.

A seguir, vamos conhecer cada um dos corpos sutis ou camadas, suas características, as medidas que normalmente são vistas pelos pesquisadores quando apresentamos um estado de equilíbrio e ainda as cores associadas:

Corpo Etérico (0,5 a 5 cm)

Interpenetra o corpo físico, e é parte dele. Essa camada, também conhecida como ectoplasma, vitaliza e sustenta o corpo físico até a morte. Contém a energia dos tecidos, glândulas e órgãos, e expande-se ou retrai-se de acordo com o funcionamento desses. Está vinculado ao 1º chacra e às glândulas suprarrenais, e vibra na cor vermelha. Está associado ao funcionamento físico, a sensação física, funcionamento automático e autônomo do corpo, estrutura, base e raiz.

Corpo Emocional (2,5 a 7,5 cm)

Interpenetrando o corpo etérico, encontramos o corpo emocional, veículo das emoções, desejos e paixões. São especialmente as irradiações brilhantes e mutáveis desse corpo, constituído de nuvens coloridas, em contínuo movimento de aparência oval, que os videntes descrevem quando observam a aura. Está associado ao segundo chacra e aos órgãos sexuais, vibrando na cor laranja. É o centro da sexualidade, intimidade, prazeres, autoestima, sentimentos e relacionamentos.

Corpo Mental (7,5 a 20 cm)

É o veículo do pensamento, apresenta uma estrutura mais sutil e menos definida, e contém nossos processos mentais, ideias relacionadas ao mundo material. Geralmente surge na forma de uma auréola dourada. O corpo mental está associado ao terceiro chacra e ao pâncreas, vibrando na cor amarela. É o centro dos desejos, emoções, paixões, poder pessoal e alegria.

Corpo Astral (15 a 30 cm)

Composto por nuvens multicoloridas advindas das percepções e emoções extrassensoriais, o corpo astral está associado ao quarto chacra e à glândula timo, vibrando na cor verde. Está ligado ao amor universal, a apegos e à somatização de emoções.

Corpo Etérico Padrão (45 a 60 cm)

Campo de energia estruturado sobre o qual cresce o corpo físico. Está associado ao quinto chacra e à tireoide, vibrando na cor azul-celeste. Está ligado à criatividade da palavra falada e à capacidade de verbalizar pensamentos e realizar projetos.

Corpo Celestial (70 a 90 cm)

É o nível emocional do plano superior através do qual experimentamos o êxtase espiritual; é o plano de identificação com Deus, composto por pontos de luz. Está associado ao sexto chacra e à hipófise, vibrando na cor azul índigo. Está ligado à inteligência, à consciência, ao amor celestial e à união da mente humana com a mente divina.

Corpo Causal (75 a 100 cm)

Contém as impressões de vivências passadas. É o nível mais forte e elástico do campo áurico, e contém a corrente principal de força que se desloca ao longo da coluna vertebral. Nas três últimas camadas, em pessoas devotas, meditativas e caridosas, a aura espiritual é muito pronunciada e bela. Já em indivíduos brutos e animalizados não há vestígios dela. Está associado ao sétimo chacra e à glândula pineal, vibrando na cor violeta. Representa a integração física e espiritual e a conexão com o Divino.

AS CORES DA AURA E SUA INTERPRETAÇÃO

Com muito treino, é possível visualizar a aura externa e suas camadas irradiadas pela nossa pele através dos chacras, como um resultado do metabolismo celular, e também a aura interna, na qual observamos pontos de luz também provenientes de nosso metabolismo celular.

Na aura interna, é comum observarmos apenas os pontos de oscilações, que são pontos coloridos que indicam os locais do corpo fragilizados naquele momento. Se observarmos pontos vermelhos, por exemplo, isso indica que a região onde se encontram apresenta alguma infecção. Se o vermelho for muito intenso, significa que a infecção é grave, podendo ser diagnosticado até mesmo um câncer maligno. **Quanto mais clara se apresenta a cor, menor é a gravidade do problema.**

Se os pontos estiverem espalhados, descontínuos, significa que se trata de um início de inflamação. Se os pontos de oscilações se apresentarem com cores claras, significa que ali há uma concentração ou falta de energia e que aquele ponto estará mais vulnerável à penetração de algum tipo de doença, por germes ou energias negativas. Os pontos de oscilações aparecem apenas nos órgãos comprometidos, sempre como parte da aura interna.

Esta é uma forma de verificar a propensão a doenças na parte física. As doenças da parte psíquica também são diagnosticadas por meio das oscilações, mas elas se apresentarão de cor azulada. Geralmente aparecerão nos chacras, em especial no plexo solar. Nesse caso, indica que a pessoa está abalada psicologicamente. Se as oscilações se apresentarem no chacra laríngeo, por exemplo, é provável que existam problemas na garganta ou nessa região, derivados do sistema emocional.

A aura externa possui de 2 a 25 centímetros de espessura e contorna nosso corpo. Quanto a coloração da aura externa, podemos verificar que as pessoas apresentam auras de cores variadas, sendo as mais comuns: dourada, azul, violeta, lilás e prateada. As cores mais claras indicam estabilidade emocional e equilíbrio.

Se a cor for escura, sinaliza que o estado emocional e psicológico está muito alterado e as energias desequilibradas, o que deixa a pessoa suscetível a captar vibrações negativas ou desenvolver doenças físicas. A pessoa pode se apresentar depressiva, pessimista ou doente.

Dentro desse grupo de cores mais comuns, que mostram pessoas que já têm faculdades mentais ativas, faltando apenas aprimorar-se, há interpretações um pouco diferentes.

O dourado está associado à evolução e ao alto grau de espiritualidade. O azul-celeste significa estado emocional equilibrado e uma sorte muito grande, que deve ser aproveitada. O violeta está associado às realizações, aos movimentos, uma pessoa com faculdade mental já avançada, e que com pouco exercício conseguirá resultados surpreendentes. O lilás tem praticamente o mesmo significado do violeta, sendo pessoas que buscam um crescimento interior e têm um grau avançado de espiritualidade.

Normalmente a aura apresenta a cor prateada envolvendo sua camada mais externa. Essa cor indica o estado de evolução espiritual da pessoa, que pode ser maior conforme o grau de desenvolvimento. Uma pessoa que apresenta a aura totalmente prateada tem alto grau de mediunidade, sensibilidade, energia muito forte e espiritualidade.

Se o contorno prateado quase fecha totalmente a aura, faltando apenas alguns pontos, indica que a pessoa está próxima de alcançar seu desenvolvimento espiritual.

O QUE A COR PREDOMINANTE DA SUA AURA EXTERNA DIZ SOBRE VOCÊ?

Aura Violeta

Pessoas com a aura desta cor têm a espiritualidade bem desenvolvida, inspirações criativas e a capacidade de transformar os sofrimentos pessoais em fatores positivos para o próprio destino. Violeta é a cor do espectro mais próxima do equilíbrio psíquico, emocional e espiritual em vigor no planeta neste momento.

Aura Azul Índigo

A aguda perspicácia intelectual é um dos aspectos mais gratificantes das pessoas que possuem a aura desta cor. São brilhantes e inquiridoras, com uma inteligência que vai muito além dos conceitos mais tradicionais.

Aura Azul-Celeste

Capacidade de curar por meio das próprias energias mentais e espirituais. Age sobre os outros de modo agradável e calmante. Possui altos ideais de vida e é sincera. O azul-celeste personifica as características do cuidado e do carinho. É a cor da aura que mais se preocupa em ajudar os outros.

Aura Verde

Autoconfiança, capacidade de resolver problemas e de perdoar. Pessoa que ama a paz, a sensibilidade. É organizado, planejador e estrategista.

Aura Amarela

Capacidade de dar e receber e de ter esperança. A saúde e a família desempenham um papel importante para essa pessoa, que tem o dom de trabalhar em grupo harmoniosamente. O amarelo é uma das cores cinestésicas do espectro; isso significa que uma pessoa com a aura desta cor tem uma reação física antes de ter uma resposta emocional ou intelectual. Quando ela entra numa sala cheia de gente, sabe de imediato se quer permanecer ou não.

Aura Laranja

São pessoas destemidas, poderosas e descuidadas com a própria segurança pessoal por conta da sua agressividade. Sua busca espiritual é, na verdade, a busca de um sentido de vida além de si mesmo.

Aura Vermelha

Essa pessoa dá ênfase ao modo de vida material. Alcança o sucesso por sua total dedicação pessoal. Tem a saúde física estável e tendência à irritabilidade quando contrariada.

Aura Dourada

Quem tem a aura desta cor, adora saber como e por que as coisas funcionam, e lança mão de uma paciência infinita. A espiritualidade, para a pessoa de aura dourada, é o estudo da ordem superior do universo e das leis e princípios que o governam. Ela quer entender a organização mental, as leis ou as probabilidades que geraram a ordem no interior do caos espiritual.

Aura Prateada

Pessoas com essa cor de aura são curandeiros, médiuns natos. Utilizam energia para transformar luz em raios que curam. O seu maior desafio é aprender a se conhecer e descobrir seus dons especiais.

Nos quadros a seguir, você terá mais detalhes da personalidade segundo a cor predominante na aura:

Cor da Aura	Físico 1º chacra	Relações 2º chacra	Financeiro 3º chacra	Profissional 3º chacra	Emocional 4º chacra	Liderança 5º chacra	Mental 6º chacra	Espiritual 7º chacra
Violeta	Criativo ao extremo. Não se interessa pela aplicação da ideia, mas pela inspiração que a trouxe. Capta, mas não realiza.	Sobriedade e distância. Arredio e antissocial. Gosta de conversas intensas, sem papo furado.	Ganha dinheiro com pouco esforço. Alquimia material. Pensar é trabalhar.	Pluralidade de talentos e clareza de ações. Consultoria, publicidade, antropologia, economia, projetos.	Profundidade e necessidade de controle. Exteriormente pode parecer frio, mas internamente arde de paixão.	Líder nato. Manipulação consciente. Autocrático e ditatorial. Egoísta.	Muito inteligente. Pesquisa e acúmulo de informações. Teórico e hipotético.	Visionário, facilidade de comunicação com Deus. O Espiritual é uma roda de crescimento.
Azul índigo	Sensibilidade supranormal. Registra dados físicos, mentais e emocionais numa frequência muito elevada. Sistema nervoso muito sensível a barulho, agitação.	Recusa aos padrões. Sempre diz a verdade. Desconhece a palavra culpa. Resiste a tudo o que pode manipulá-lo.	É tenaz em suas decisões e projetos, mas só faz os trabalhos em que acredita e isso nem sempre traz lucro, como por exemplo o trabalho em ONGs.	Trabalhos manuais, ciências e artes. Trabalham duro quando acreditam. Terapeuta holístico, Assistente social, cristais e esoterismo.	Autenticidade e autoconsciência. Precoce. Muita imaginação e atitudes criativas. Sabe exatamente o que quer.	Exercício da vontade individual. Analítico. Afasta-se dos que podem manipulá-lo. Lidera fazendo com que repensem as atitudes.	Superdotação consciente. Perspicácia intelectual. Inteligência intuitiva acima dos padrões normais. Parece que nasceu sabendo.	Sente a natureza da divindade em si. Não necessita de uma religião, pois seu próprio interior lhe traz equilíbrio.

Cor da Aura	Físico 1º chacra	Relações 2º chacra	Financeiro 3º chacra	Profissional 3º chacra	Emocional 4º chacra	Liderança 5º chacra	Mental 6º chacra	Espiritual 7º chacra
Azul-Celeste	Gosto pelo conforto.	Afetivo, adora gente e ajudar o próximo. Tradicional. Gosta de feriados com a família.	É emocional no que diz respeito às questões financeiras. Dinheiro é algo estúpido.	Servir para vencer. São excelentes médicos, terapeutas, psiquiatras, enfermeiros.	Intenso. Expressão dos sentimentos. O estado emocional define suas atitudes e decisões.	Poder consensual. Mediador, democrático. Interage com o grupo que lidera.	Intuitivo. Preocupação em ajudar o próximo. Visão subjetiva do mundo.	Vê Deus como a personificação do Amor. Deseja uma relação profunda com Deus.
Verde	Senso logístico, organização e estratégia.	Observação e interação diplomática.	Habilidoso materialmente, ganha dinheiro com facilidade.	Estratégico, planejador e criativo. Arquitetura, Diplomacia e Política.	Controlador, criativo e imaginativo. Processa as emoções.	Liderança intelectual. Distribui ideias e informações	Mente produtiva, intelectualmente intenso.	A busca pelo lado mental e arquitetônico de Deus. Precisa compreender o ideal do Divino.
Amarelo	Primeiramente sente uma reação bioquímica, depois emocional. Cinestésico.	Amável, afetivo, aberto, divertido. Adora gente, ar livre, parques, piquenique.	Irresponsável com as finanças. Possui uma relação infantilizada com o dinheiro.	Corre riscos. Aventureiro. Esportes radicais, policial, vendedor, delegado de polícia.	Afetuoso, divertido, alegre, confiável e ingênuo.	Lidera através da alegria, da motivação e do otimismo.	Brilhante, criativo e inquieto.	Deus, para ele, é hormonal. A adrenalina lhe comprova a existência de Deus.

Cor da Aura	Físico 1º chacra	Relações 2º chacra	Financeiro 3º chacra	Profissional 3º chacra	Emocional 4º chacra	Liderança 5º chacra	Mental 6º chacra	Espiritual 7º chacra
Laranja	Autoestima alta, egocentrismo, astúcia. Aventureiro, só se sente vivo quando está em risco.	É belo e atraente, não encontrando dificuldades para encontrar parceiros.	O dinheiro não tem importância para ele, mas sempre prefere os mais sofisticados equipamentos em suas aventuras.	Prefere atividades em que não tenha que abrir mão de sua liberdade. Esquadrão de bombas, homem-rã.	Corajoso, astuto e narcisista. Porém não corre riscos para satisfazer aos outros, mas a si mesmo.	É respeitado e reverenciado pela sua coragem e atos heroicos. Dublê, motocross e alpinismo.	É pura ação, gosta de desafios, desconhece a palavra medo. Ama correr riscos.	Seu maior desafio é enfrentar seu eu interior. É o único risco que ele não está disposto a correr. Falta-lhe coragem.
Vermelho	Completamente físico, precisa dos cinco sentidos para detectar se algo é real. Prefere atividades de muito esforço físico.	Tem dificuldades em se comunicar. É franco demais e isso lhe traz problemas nas relações. Tende a ficar de lado em festas e reuniões.	Irresponsável. Vive o agora e não se preocupa com o futuro.	Adora trabalhos físicos, braçais, pesados, que lhe tragam cansaço físico. Fisiculturismo, triatlo.	Franco, direto, prático. Otimista, instintivo e fisicamente muito forte, vê o sexo apenas como uma ferramenta que lhe dá prazer, nunca como algo sujo.	Dificuldades em liderar qualquer grupo. Sempre conflita com outros indivíduos.	Sedutor, aterrado. Lida somente com fatos tangíveis e reais. Não suporta abstrações. Senso prático.	Necessita de rituais de celebração com simbolismos para sentir a presença de Deus. Exemplo: o ritual da fertilidade **Wicca**.

Cor da Aura	Físico 1º chacra	Relações 2º chacra	Financeiro 3º chacra	Profissional 3º chacra	Emocional 4º chacra	Liderança 5º chacra	Mental 6º chacra	Espiritual 7º chacra
Dourada	Forma a ideia e depois sente. Inicialmente usa o mental para depois usar sensações físicas ou emocionais.	Introspecção analítica. Todas as situações sociais precisam ter um propósito. Relaxar é perder tempo.	Busca pela segurança. Seu emocional está vinculado ao dinheiro. Tem pânico de miséria. A falta de dinheiro o descontrola emocionalmente.	É mental e lógico. Tem grande sucesso em contabilidade, direito, informática, engenharia, funcionalismo público e radiologia.	Defesa e retração. Quer entender os sentimentos de maneira lógica, havendo necessidade de controlá-los.	Capacidade coordenação. Raciocina em equipe, mas reserva-se o direito da decisão final.	Senso de logística e ordenação. Necessidade de controlar sua intuição, seus sentimentos e emoções. Tem medo de soltar-se e ir rumo ao desconhecido.	Deus enquanto princípio ordenador do universo. Deus significa hierarquia, respeito.
Prateada	É surreal. Para ele, é doloroso lidar com o mundo físico. Gostaria de viver num mundo de contos de fadas.	Deslocamento e vulnerabilidade. Tímido e inseguro. Reservado. Por ser sisudo, pode parecer antipático e afastar as pessoas.	Administra com disciplina seus recursos financeiros. É sensato e seguro ao lidar com dinheiro. É responsável e cauteloso.	Gosta de servir e trabalhar com cura. Geralmente trabalha sozinho e precisa de estrutura, tranquilidade e rotina. Enfermagem e Medicina.	Mimetismo e retraimento. Camufla-se absorvendo as cores dos outros indivíduos. É altamente sugestionável e adquire características dos outros.	Pouco poder pessoal. Sua liderança está na capacidade de curar, pela qual é muito respeitado.	Intuição introspectiva. É brilhante, ágil e estimulante. É um curandeiro natural, possui mediunidade.	Sente-se o tempo todo como um canal de energia de cura cósmica, um elo entre Deus e o homem. Entende o carma e sabe que a vida de hoje é somente mais um capítulo.

Ao observar as características de cada cor de aura, podemos constatar que o resultado que encontramos no campo áurico de uma pessoa é simplesmente um conjunto de todos os seus pensamentos, sentimentos e emoções, que podem ser de natureza inferior ou superior. Assim, a espessura da aura é proporcional às nossas atitudes e reações.

Quando estamos alinhados aos sentimentos, pensamentos e emoções condizentes com a nossa natureza, como o amor, a compaixão, a cordialidade, a alegria, a criatividade e a harmonia, esse comportamento se converte em luz, somando-se à luz do corpo espiritual. Quando, ao contrário, os pensamentos e atos não são condizentes com a nossa natureza, como a raiva, a mágoa, a tristeza, o medo e o estresse, eles se convertem em nuvens opacas do corpo espiritual.

Externamente, quando somos gratos e praticamos o bem, os pensamentos de gratidão das pessoas beneficiadas também se convertem em luz e nos são direcionados, transmitidos por meio do fio espiritual e aumentando a qualidade da nossa energia. Quando, ao contrário, a pessoa recebe transmissões de pensamentos de vingança, ódio, ciúme ou inveja, suas nuvens opacas e densas aumentam.

Por isso, é preciso praticar o bem e proporcionar alegria aos outros, evitando provocar pensamentos de vingança, ódio ou ciúmes. Também é indispensável utilizar técnicas de proteção energética diariamente para que nossa aura se mantenha saudável e harmônica.

A prática de ações e sentimentos inferiores (seja para terceiros ou para nós mesmos) leva ao desequilíbrio e à doença, ao passo que a prática do bem traz saúde, paz, jovialidade e engrandecimento espiritual.

Lembre-se sempre de que não é preciso ser médium, vidente ou sensitivo para visualizar a aura. No capítulo de exercícios, você vai aprender técnicas muito simples que, quando utilizadas, permitem que qualquer pessoa, até mesmo deficientes visuais, consiga visualizar e sentir as cores da aura.

CAPÍTULO 2

As doenças não acontecem por acaso, mas por uma causa pouco conhecida

IMAGINE O QUE ACONTECERIA SE CADA SER HUMANO que está na Terra pudesse identificar as causas emocionais que geram as doenças? Se cada um de nós, ao ter uma dor de cabeça, pudesse decodificar qual é a emoção nociva ou o fato que a causou? Será que as medicações acabariam? Tenho certeza que não, mas certamente ao tratar o corpo físico receberíamos junto com a medicação grandes doses de consciência que poderiam prevenir situações futuras desagradáveis.

E é justamente disto que trata esta obra: as causas mentais e emocionais que desencadeiam as doenças físicas!

É aqui que começamos a nossa jornada para compreender qual é o papel e a influência das emoções na nossa saúde e na nossa vida física. Como que uma emoção, que é algo tão sutil, extrafísico, uma energia que nós apenas sentimos e não podemos tocar, pode se materializar e se transformar em algo físico?

Você já deve ter ouvido por aí a expressão "somatizar". "Ah, aquela pessoa está somatizando as emoções". Pode ser em razão da insatisfação de estar anos em um trabalho do qual ela não gosta ou somatizando a carga emocional de ficar um longo tempo em um relacionamento que não suporta mais. Essa somatização, mais cedo ou mais tarde, acaba se transformando em doença, esse comportamento pode até se tornar uma doença grave.

A ideia de psicossomática vem da mistura de duas palavras gregas: "psique", que está associada à mente, àquilo que nós pensamos e que está inserido na nossa alma; e "soma", que é o nosso corpo físico. Daí vem a expressão psicossoma, traduzindo literalmente, seria "corpo psíquico".

A psicossomática estuda as influências dos sentimentos, pensamentos e emoções na nossa saúde física, e nesse momento você pode estar se perguntando: "Mas será que todas as doenças têm origem nos pensamentos, sentimentos e emoções?"

Eu não sei se todas, mas posso afirmar que 99% das doenças têm, sim, origem nos pensamentos, sentimentos e emoções. Todo sentimento e toda emoção produzem uma energia e, se essa energia não for compatível com a nossa natureza, é como se estivéssemos colocando combustível errado em um equipamento, ou seja, a máquina vai estragar.

É o mesmo que abastecer um carro à gasolina com óleo diesel ou então colocar pó de café em uma máquina de lavar roupas. Eu gosto de usar essas metáforas das máquinas porque assim conseguimos compreender que emoções, pensamentos e sentimentos densos são o combustível errado para a nossa máquina chamada corpo humano.

Seu corpo não foi feito para sentir raiva. Se você abastecê-lo com essa emoção, está dando a ele o combustível errado. Precisamos aprender que todas as questões que envolvem a nossa saúde têm conexão com os nossos pensamentos, sentimentos e emoções. Quanto mais atentos estivermos a esse processo, melhor será a nossa saúde. **Quando surge uma doença, qual foi a sua causa? Por que estou passando por isso? De onde está vindo a enfermidade? Qual é a origem dessa energia?** Você precisa refletir e fazer essas perguntas a si mesmo o tempo todo. E é isso que vamos aprender nesta obra que é o resultado de muitos anos de pesquisa massiva e conclusões práticas.

A autora Cristina Cairo, uma grande pesquisadora da linguagem do corpo, costuma dizer que: "Todas as doenças são causadas por forças do íntimo secreto, a fim de ter algum lucro afetivo, financeiro, amoroso ou espiritual." Com essa afirmação, podemos concluir que, quando uma doença se manifesta, é por algum tipo de carência emocional, pois, ficando doentes, vamos obter alguma vantagem. **Sim, pode parecer estranho, mas vamos ganhar algo com a doença.**

Veja o caso de muitos idosos, por exemplo. Chega um momento, em geral quando se está com uma certa idade, que os filhos e netos partem para o mundo, vão viver suas vidas, e já não dão mais tanta atenção aos idosos, que acabam buscando a doença de forma inconsciente para recuperar a atenção perdida. Há um lucro afetivo nesse processo. Do mesmo modo, muitas crianças e jovens também fazem isso inconscientemente, pois têm um excesso de carência emocional e acabam desenvolvendo uma doença só para chamar atenção das pessoas ao seu redor.

Toda doença traz algum tipo de compensação e nós podemos descobrir quais são as compensações inconscientes que buscamos na doença. Para quem quer ser terapeuta e vai atuar nesta área, essa é uma sacada muito importante: descobrir com o seu consultante qual é o ganho que ele obtem com a doença. O que ele lucrou ficando doente? Foi algum lucro afetivo, financeiro, amoroso ou espiritual?

E agora, estamos diante da questão filosófica deste livro: **POR QUE FICAMOS DOENTES?**

Eu gostaria que você refletisse sobre a seguinte questão: por que você acha que a doença é necessária para a humanidade? Por que, em uma sociedade tão evoluída tecnologicamente, ainda precisamos da doença?

O fato é que a doença nos permite um espaço de aprendizado muito mais rápido, que não encontraríamos em outro momento da vida.

Há pessoas que não param nunca: são extremamente estressadas, não tiram nem um segundinho para relaxar. Para dar conta de suas vidas e de tudo o que precisam fazer, elas correm, correm, correm sem parar. Não sobra tempo para pensar em suas questões existenciais. **Quando elas encontram um tempinho para pensar na vida?**

Normalmente numa cama de hospital: esse é um lugar de muita reflexão! Quando é que uma pessoa agitada, estressada, pensa na vida? Quando torce o pé e não consegue mais caminhar. Quando uma pessoa que procura se distrair o tempo todo vai pensar nas suas questões íntimas? Quando está gripada e fica de cama. É nesse momento que ela começa a pensar, a refletir.

Isso nos leva a outras perguntas:

Por que não pensamos na vida quando estamos saudáveis, com força e energia? Por que esperar pela doença que nos debilita e nos tira o ânimo?

Eu mesma passei por um processo assim em 2017. Peguei uma gripe forte, que me deixou vários dias de cama e me levou a uma profunda reflexão.

De vez em quando, todos nós temos momentos em que o corpo nos pede: "Dê uma paradinha e pense na vida, pois estou precisando que você reflita sobre suas atitudes. Estou precisando que você pense nas suas metas para o futuro, que reformule algumas coisas." Ficamos doentes pelo simples motivo de não separarmos alguns minutos diários para fazer a nossa reforma íntima. Se você fizer reforma íntima por conta própria, não há necessidade do "mal" bater na sua porta. Simples assim!

Agora quero propor um exercício de reflexão: vamos supor que você precise curar a raiva, pois está muito enraivecido ultimamente, não suporta esse sentimento e gostaria de curá-lo. Você acorda pela manhã e faz uma oração pedindo para curar a raiva? Conhece alguém que faça isso?

Você realmente faz uma oração de manhã dizendo: **"Amado Deus, eu preciso curar a raiva, então, por favor, coloque situações de raiva na minha vida para que eu tenha certeza de que já superei essa emoção tão nociva para a minha saúde"**? Quase ninguém faz isso! Não conheço uma única pessoa que faça, porque a maioria das pessoas nem tem consciência de que a raiva é uma das emoções que mais nos trazem doenças.

As situações de raiva e outras emoções nocivas acontecem na nossa vida justamente para aflorar os sentimentos "irascíveis", como dizia o filósofo Aristóteles, que são aqueles que nos despertam sensações maléficas e que precisamos curar. A doença é um sinal do seu corpo de que há a necessidade urgente de fazer reforma íntima, rever seus conceitos, melhorar a qualidade daquilo que pensa e sente.

Quando eu era criança, morava no interior e tive a oportunidade de conviver com anciãos muito sábios: agricultores e benzedeiras. Eu adorava frequentar a casa deles e conversar com cada um, pois sempre conseguia extrair muito aprendizado. E uma frase que eles diziam muito era: "Quando a cabeça não ajuda, o corpo padece, filha." Só muitos anos mais tarde, quando comecei a pesquisar e estudar bioenergia, foi que compreendi essa frase em toda a sua profundidade. Quando nossa mente – que é nosso centro de comando, pois regula todos os chacras inferiores – está debilitada e fraca, todo o corpo sofre com desequilíbrios e acaba adoecendo. Quando estudei Filosofia na universidade, encontrei a frase *mens sana in corpore sano* em um poema do romano Juvenal:

"Deve-se pedir em oração que
a mente seja sã num corpo são.
Peça uma alma corajosa que careça do temor
da morte, que ponha a longevidade em último
lugar entre as bênçãos da natureza, que suporte
qualquer tipo de labores, desconheça a ira,
nada cobice e creia mais nos labores selvagens
de Hércules do que nas satisfações, nos banquetes
e camas de plumas de um rei oriental.
Revelarei aquilo que podes dar a ti próprio;
Certamente, o único caminho de uma
vida tranquila passa pela virtude".

Esse texto foi escrito no século II e até hoje se mantém muito atual, pois, como dizia o poeta Juvenal, as pessoas fazem suas orações pedindo dinheiro, poder, filhos, mas se esquecem de orar para ter uma mente sã num corpo são, para que tenham sabedoria, justiça e outras virtudes.

A doença, na maioria das vezes, é um sinalizador da nossa falta de autoconhecimento, pois é justamente quando desconhecemos nossos mecanismos internos que ficamos doentes. **É um sinal de que estamos fora dos trilhos da missão da nossa alma, que estamos fazendo atividades das quais não gostamos, que não estamos vivendo alinhados com os desejos da nossa alma, que a nossa vida prática não está sintonizada com o nosso propósito, e que, de alguma maneira, estamos forçando a barra e resistindo ao nosso caminho natural.**

Sim, você tem um caminho natural! E talvez fosse a pessoa mais feliz do mundo se fosse pescador, mas está trabalhando como executivo em uma empresa. Você está infeliz, descontente e insatisfeito? Sente-se triste e é viciado em sentimentos densos? Se sim, você precisa rever o que é a felicidade real! Onde está a sua felicidade? Na pesca ou em ser executivo numa grande empresa?

Lembre-se de que cada um de nós possui uma glândula pineal, que fica bem no meio do cérebro e rege o nosso 7º chacra (coronário). A glândula pineal é cristalina, e os cristais têm condições de gravar uma informação e a repetir, reverberando essa informação durante um longo período.

Então, quando você está viciado em sentimentos como raiva, mágoa, tristeza, medo, começa o seu dia nesta vibração. Quando acorda, grava a informação "raiva" e fica repetindo ondas de raiva o dia inteiro para as suas células, que, por sua vez, ficam absorvendo as substâncias produzidas por esses neuropeptídeos[1] de raiva que foram produzidos.

Quando você sente tristeza, processa esse sentimento na glândula pineal, que fica repetindo a informação "tristeza" durante muito tempo. Esses sentimentos densos viciam tanto quanto cocaína, açúcar refinado, chocolate, drogas, álcool, cigarro e jogos de azar, pois produzem substâncias de prazer, causando a ilusão de que você obtém algum lucro emocional quando as sente.

Portanto, **se você deseja ter mais saúde, felicidade, harmonia, equilíbrio e qualidade de vida, é necessário prestar atenção no padrão que vem se repetindo nos seus dias.** Pergunte-se agora: "Desde quando eu sinto raiva?" Faça a mesma pergunta para qualquer outro sentimento que seja constante e muito forte em sua vida: medo, tristeza, rancor, baixa autoestima, necessidade de aprovação social, rejeição, etc.

Eu não vou mentir e iludir você dizendo que fazer essa reforma íntima é fácil, pois não é. Nem um pouco. **A reforma íntima é simples, mas não é fácil.** É preciso trabalho e dedicação para cumprir a missão de resolver essas questões, e é justamente para isso que nós estamos aqui na Terra: para curar as mazelas da nossa alma. Entenda que não é errado sentir essas emoções de vez em quando, pois elas são recursos, alertas da natureza para nos

---

[1] Neuropeptídeos são peptídeos (cadeias de aminoácido) usados para comunicação intercelular, podendo funcionar como hormônios ou neurotransmissores. São relativamente maiores do que os neurotransmissores "clássicos", sendo geralmente cadeias de 3 a 40 aminoácidos. Os neuropeptídeos controlam, por exemplo, a fome, a dor, o prazer, a memória e a capacidade de aprendizado.

situarmos. Mas, se as sentimos na maior parte do tempo, inevitavelmente ficaremos doentes. Porém, há algo que posso prometer:

Se você for comprometido e dedicado, seguindo o material e os exercícios deste livro, vai experimentar uma vida extraordinária de liberdade e autoconhecimento, vivendo em plenitude e conectado com a sua essência e com todas as células do seu ser!

Muitas pessoas acham que estão aqui neste planeta para ter filhos, fazer faculdade ou construir uma casa. Não! **Nós estamos na Terra para curar as nossas inferioridades e os nossos sentimentos densos.** É a esse propósito que precisamos nos dedicar. As conquistas materiais e familiares são importantes e fundamentais em nosso processo evolutivo, mas não estão em primeiro lugar: antes disso, vem o nosso programa interior de evolução constante.

A doença é o sinal mais claro de que você está fora do seu propósito, que de uma forma geral é expressar sua beleza, ser feliz e sentir amor, pois essa é a razão primordial para a nossa existência.

No entanto, quando estamos contaminados com as emoções tóxicas criadas pelo nosso ego negativo, não é possível expressar a nossa beleza, ser feliz e sentir amor. Quando começamos a nos viciar em sentimentos densos, saímos dos trilhos e vivemos em um mundo de máscaras e ilusões, diferente do nosso programa de evolução. Até que chega um momento em nossa vida em que a correção da rota se torna o assunto mais urgente a ser tratado.

OS CÓDIGOS DA MENTE: SERÁ QUE PENSAR ADOECE?

Depois de tudo que estudamos até aqui, você acredita que pensar adoece?

SIM, pensar adoece!!!

Se os nossos pensamentos estiverem conectados com energias não condizentes com a nossa natureza (medo, mágoa, tristeza, raiva, inveja, culpa, pessimismo, etc.), nós sem dúvida vamos ficar doentes.

E sabe por quê? Você já vai saber, mas antes eu gostaria de lhe recomendar a leitura do *Tao Te Ching*: o Livro do Caminho Perfeito. Trata-se de um livro com poemas escrito por um grande sábio. Cada frase, cada poema, cada estrofe, cada linha é motivo de muita reflexão em nossa vida. Já o li várias vezes e, a cada nova leitura, o compreendo de uma forma diferente. É uma obra pequena em tamanho, mas que traz um oceano de profundidade, que mergulha em nossa alma e mexe muito com a nossa forma de viver.

Nesse livro, que provavelmente foi escrito em 570 a.C. na China Antiga, o autor Lao Tzu menciona a existência do "Tao" – a inteligência suprema, o inominável, o todo, o imanifestável, o inefável, a totalidade de tudo o que conhecemos e não conhecemos. Poderíamos, de forma aproximada, definir o "Tao" como a grande luz que dá vida a tudo o que existe em todos os multiversos da criação divina.

Ele também diz que o "Tao" emana uma energia chamada "Chi" e que, quando a energia "Chi" toca o planeta Terra, ela se divide em duas polaridades: **Yin e Yang, uma negativa e outra positiva, respectivamente**. Essas duas partículas de polaridades opostas bailam na dança da vida com o único objetivo de manter o equilíbrio do todo. Essas duas energias estão presentes em tudo o que há na Terra, em todos os seres vivos, em todas as plantas, em todos os minerais. Em outras palavras, tudo o que conhecemos em nosso mundo é abastecido pelo Chi, inclusive, nós, seres humanos.

Todas as manhãs nós recebemos uma enorme quantidade de Chi, a energia vital ou o "Fogo Sagrado" de que fala o grande mestre El Morya Khan. O Chi é igualmente repartido para todos que aqui vivem, independentemente de cor de pele, religião, raça, condição social ou partido político. Todos nós, como filhos de um Deus justo e misericordioso, recebemos a mesma quantidade de Chi.

Ao amanhecer, quando o sol toca a face terrestre, o Chi é absorvido pelos chacras da Terra, abastecendo-a com a energia da vida, formando a aura do planeta e o seu campo eletromagnético, protegendo-a de asteroides e outros corpos que, ao entrarem em contato com esse escudo energético, se desintegram, se dissipam, porque a aura da Terra é pura e forte.

Essa mesma energia também entra pelo nosso chacra coronário e pode abastecer todos os nossos chacras com uma energia pura, forte e límpida, se não fosse por um único detalhe: cada vez que essa energia divina, que é a própria manifestação de Deus, passa pelo nosso chacra frontal, nós começamos a pensar. E os nossos pensamentos negativos alteram, modulam e danificam o Chi, que é o combustível que mantém as nossas células saudáveis.

Como as glândulas pineal e hipófise possuem cristais com a capacidade de armazenar e repetir informações, os primeiros pensamentos do dia tornam-se repetitivos e, na maioria das vezes, acabam impregnando os chacras inferiores com informações e energias desqualificadas e não condizentes com a nossa natureza.

O universo é tão incrível que nos deu todos os dias a oportunidade de reiniciar o "sistema" enquanto dormimos. Todos os dias temos ma nova oportunidade de recomeçar com sentimentos bons, com uma energia boa.

Mas, ao acordar, quando pensamos nas tarefas do nosso dia, nas preocupações, no que precisamos resolver, danificamos de maneira irreversível essa energia que nos é dada de presente todos os dias. Mas nós sentimos a insegurança do "será", pensando: "Será que vou conseguir dar conta? Será que vai dar tudo certo?" Ou então: "Puxa! Mais uma vez preciso ir para aquele trabalho insuportável com pessoas de quem não gosto!" Cada vez que alguma dessas situações acontece, desperdiçamos esta energia que está à nossa disposição todas as manhãs.

Vamos a um exemplo prático. Acredito que você já passou pela experiência de acordar atrasado, e acabou ficando com uma sensação de atropelo, de atrapalhação, durante o dia todo.

Os monges budistas recomendam que acordemos meia hora mais cedo, para ficarmos em estado meditativo, apenas deixando o Chi entrar pelos chacras, de forma livre, e atravessar o *Sushumna*, o canal de energia que está dentro da nossa medula e abastece de energia todo o nosso sistema nervoso (central e periférico).

A fórmula para uma boa absorção de Chi é fazermos essa prática de permitir a entrada de energia sem nenhum pensamento presente, ou seja, permitir que a energia Chi flua livremente pelo nosso corpo, com a ausência de pensamentos nocivos. Se você conseguir fazer isso por meia hora todas as manhãs terá uma qualidade de vida incrível, com muita saúde, discernimento e sabedoria para resolver qualquer desafio do seu dia e da sua vida.

Do contrário, se não tivermos todo o cuidado, principalmente pela manhã, com a qualidade dos nossos pensamentos e sentimentos, a doença será inevitável, simplesmente por começarmos o dia atropelados, de mau humor, reclamando, sem gratidão no coração. As pessoas que só reclamam de tudo, em geral são as que mais adoecem, porque a reclamação é como um processo reverso que vai contra a energia da criação. Todos nós temos a rara oportunidade de estar aqui na Terra, encarnados para dissipar o nosso carma e, quando reclamamos, negamos a nossa própria existência. O universo ou o sistema que nos rege compreende a reclamação como se a grande oportunidade da encarnação que nos foi dada não fosse valorizada. E se esse presente tão raro nos foi dado, porque não aproveitarmos para evoluir e crescer espiritualmente?

Pense bem, pois, se você é uma pessoa que reclama muito, a sua probabilidade de ficar doente é muito grande. Já se você for uma pessoa muito grata, maior será sua tendência de ter saúde.

> **Uma coisa é certa:**
> **Cuide da sua mente e você terá muita saúde!!!**

O INCRÍVEL MINISTÉRIO DA MINHOCA

Eu quero lhe contar uma historinha da qual você pode até achar graça, mas ela está diretamente ligada à nossa condição de saúde ou doença: *o Ministério da Minhoca!*

O Ministério da Minhoca é um lugar que fica pairando acima da sua cabeça. Ao lado dele, fica o Ministério da Luz. No Ministério da Minhoca, estão todos os pensamentos e sentimentos nocivos, negativos, as coisas que não existem, mas você acha que são reais, pois as criou com a sua mente.

Quando alguém próximo não está bem, e você fica pensando, "Será que fiz alguma coisa errada?", "Aquela pessoa está com algum problema comigo", você está "minhocando". Ou seja, colocando todas as minhocas do Ministério da Minhoca (que estavam pairando do lado de fora) para dentro da sua cabeça. A consequência disso, claro, é a doença.

No entanto, você tem uma escolha! Não precisa buscar suas respostas no Ministério da Minhoca. Em vez disso, pode usar estratégias para se fortalecer e criar antídotos mentais cada vez que se pegar dando uma "fugidinha" até o Ministério da Minhoca. Você pode buscar bons pensamentos e uma fonte de Luz, e se abastecer com essa energia.

Então, esqueça o Ministério da Minhoca! Destrua-o! Mande-o embora para bem longe! Pare de ficar com essas caraminholas que não existem e que você "acha" que é sua intuição! Tome suas decisões com base em fatos, naquilo que realmente aconteceu, e siga em frente! Pare de pensar sobre coisas que as pessoas não disseram, não expressaram, não afirmaram, e que só existem no mundo da sua imaginação, que você mesmo criou.

Isso é uma luta, uma decisão diária, uma batalha interna, e a cada minuto você precisa optar com quem vai se conectar: com o Ministério da Minhoca ou com o Ministério da Luz. Você tem as duas opções ao seu dispor. É só uma questão de escolha!

Aproveitando que estamos neste assunto, quero puxar a orelha das minhas leitoras e de todas as pessoas com alma feminina, afinal somos as ministras-chefes do Ministério da Minhoca...

É difícil encontrar no mundo masculino uma capacidade tão grande para "minhocar" como nós, seres femininos, temos. E o que muitas vezes pensamos se tratar de intuição feminina é apenas uma ilusão, uma visão distorcida da realidade criada pela nossa mente. Na maioria das vezes, o que de fato está acontecendo não é o que imaginamos, mas ficamos nos remoendo e tentando adivinhar o que se passa na cabeça dos outros ("o que será que ele está pensando?"), e isso cria um sistema de energia tão complicado, tão nocivo, tão denso que a pessoa acaba ficando doente de tantas caraminholas na cabeça. E essa situação pode, literalmente, nos enlouquecer.

A partir de agora, vamos prestar atenção nos nossos pensamentos e limpá-los. Vamos liberar as pessoas, afinal elas podem pensar o que quiserem. Não há como controlar o que os outros pensam e sentem. Isso é um desafio deles. O *seu* desafio é o que *você* pensa e sente. Concentre-se nos seus pensamentos e sentimentos, e literalmente deixe os outros de lado. Liberte as pessoas dos seus julgamentos. Ninguém quer ficar preso numa gaiola ou sob o controle de outra pessoa. Portanto, deixe de ser controlador, esqueça os outros e cuide muito bem de si mesmo. Faça suas malas e vá embora do Ministério da Minhoca, peça o divórcio a ele. Confie em si mesmo e se concentre nas três virtudes mais incríveis que você tem. Se você se concentrar nas melhores habilidades que tem para dividir com o mundo, os aspectos negativos vão se consertando por tabela e, por incrível que pareça, as pessoas ao seu redor também começam a se transformar positivamente.

Tudo se trata de uma decisão pessoal, é uma questão de escolha. Com quem você vai se conectar, o Ministério da Minhoca ou o Ministério da Luz?

Questione-se sobre quanto tempo do seu dia você passa se preocupando com a opinião ou os pensamentos alheios. Não perca seu tempo tão raro e especial de vida concentrando-se nos outros. Concentre-se no seu projeto evolutivo!

Esqueça as minhocas, limpe sua mente, faça uma faxina em sua cabeça, renove suas ideias, simplesmente esqueça o passado e zere seu cronômetro a partir de agora.

Alguém magoou você? Tudo bem!
Não que você precise conviver com essa pessoa
e fingir que nada aconteceu. Não se trata disso, mas,
se já passou, deixe o passado para trás e siga em frente.

Já abandonou as suas minhocas?
Então, vamos continuar!

COMPREENDA O FLUXO DA DOENÇA

Como uma doença se instala no corpo? Qual é o processo? Qual é o mecanismo que faz uma doença surgir?

Esses questionamentos me atormentaram durante muitos anos e, quando descobri que mecanismo era esse, tive o grande *clique* da minha vida. Não é exagero! Eu acredito que quando alguém desperta para esse nível de conhecimento interior é que a vida começa de verdade e tudo faz sentido!

Imagine se as crianças recebessem, desde bem pequenas, uma educação no sentido de preparar a mente, de compreender a manifestação das doenças e sua relação com nossos pensamentos, sentimentos e emoções. Certamente nosso mundo seria muito mais equilibrado e feliz! Então, se você tem filhos ou pretende ter, insira as rotinas e práticas deste livro na educação deles, pois certamente, se eu tivesse conhecimento dessas informações desde pequena, teria evitado muitos problemas na vida.

Para uma doença se instalar, o primeiro passo é que a emoção se processe em um determinado chacra. Ela penetra pelo chacra e, em seguida, entra em ação o campo mental. Por exemplo: no momento em que você sente uma emoção como a raiva, precisa decidir se vai continuar sentindo raiva ou não. É uma decisão mental. Se você decide ficar com a emoção nociva (nesse exemplo a raiva, mas poderia ser qualquer outra), tem um sentimento nutrido, como se fosse uma semente hidratada e adubada que logo começa a criar raízes, que vão crescendo e se espalhando.

A física quântica já comprova que um sentimento nutrido gera, na mente, a produção de um neuropeptídeo – que é uma substância feita pelos nossos neurônios processados dentro do cérebro –, e cria uma substância específica, endereçada para aquele sentimento, para aquela energia, como se fosse um código.

O sentimento que foi nutrido vira essa chave chamada neuropeptídeo, que vai cair na corrente sanguínea e criar receptores em nossas células para essa substância. Quando temos esses sentimentos com frequência, mais receptores são criados, até que as células se tornem totalmente viciadas, pois, quanto mais receptores criados, maior necessidade a célula terá de receber a substância que a alimenta.

Nesse caso, sempre que você tiver contato com essa emoção, a mente vai tomar a decisão de continuar sentindo-a, porque você vai se sentir confortável com isso, pois é algo que o seu corpo já conhece e com o qual encontra um caminho para lidar. Assim, você nutre o sentimento, produz o neuropeptídeo, que cai novamente na corrente sanguínea e é distribuído para células e órgãos, como se fosse uma bebida alcoólica ou outra droga, que você não consegue mais parar de ingerir.

Mais tarde, em consequência desse desequilíbrio, a doença se instala. As emoções possuem em nosso corpo um caminho totalmente bioquímico, orgânico e lógico.

Para ilustrar, usei como exemplo a raiva, que desemboca no 3º chacra (*Manipura*), causando gastrite e, posteriormente, úlcera nervosa. Assim, podemos concluir que essas doenças possuem origem na raiva que você sente. A seguir, vamos colocar em prática, para que você possa compreender melhor:

O CAMINHO DA RAIVA EM SETE PASSOS

1. Vamos supor que você está vendo o noticiário na TV[2] e passa uma notícia sobre determinada situação de grande injustiça.

2. Depois que assistiu ao noticiário, você sente uma grande raiva – a emoção aconteceu.

3. Essa raiva se processa e flui pelo seu 3º chacra, acendendo o fogo de *Manipura*.

4. A sua mente tomou a decisão de continuar sentindo a raiva, ou seja, você não parou 5 minutos para meditar, para acalmar esse fogo. Em vez disso, decidiu conscientemente continuar sentindo raiva. Esse sentimento nutrido cria raízes e se espalha pelo seu corpo.

5. Em seguida, sua mente produz o neuropeptídeo da raiva, que cai na sua corrente sanguínea, como uma substância.

6. Ela é conduzida para os seus órgãos e suas células. No caso da raiva, vai parar no seu estômago, alterando a produção de suco gástrico, que será produzido acima dos níveis normais.

7. O suco gástrico alterado corrói as paredes do estômago e produz gastrite, que evolui para uma úlcera e que pode se transformar em um câncer de estômago.

Código da **Alma**

Exemplo Úlcera - Origem : RAIVA
CAMINHO DA RAIVA

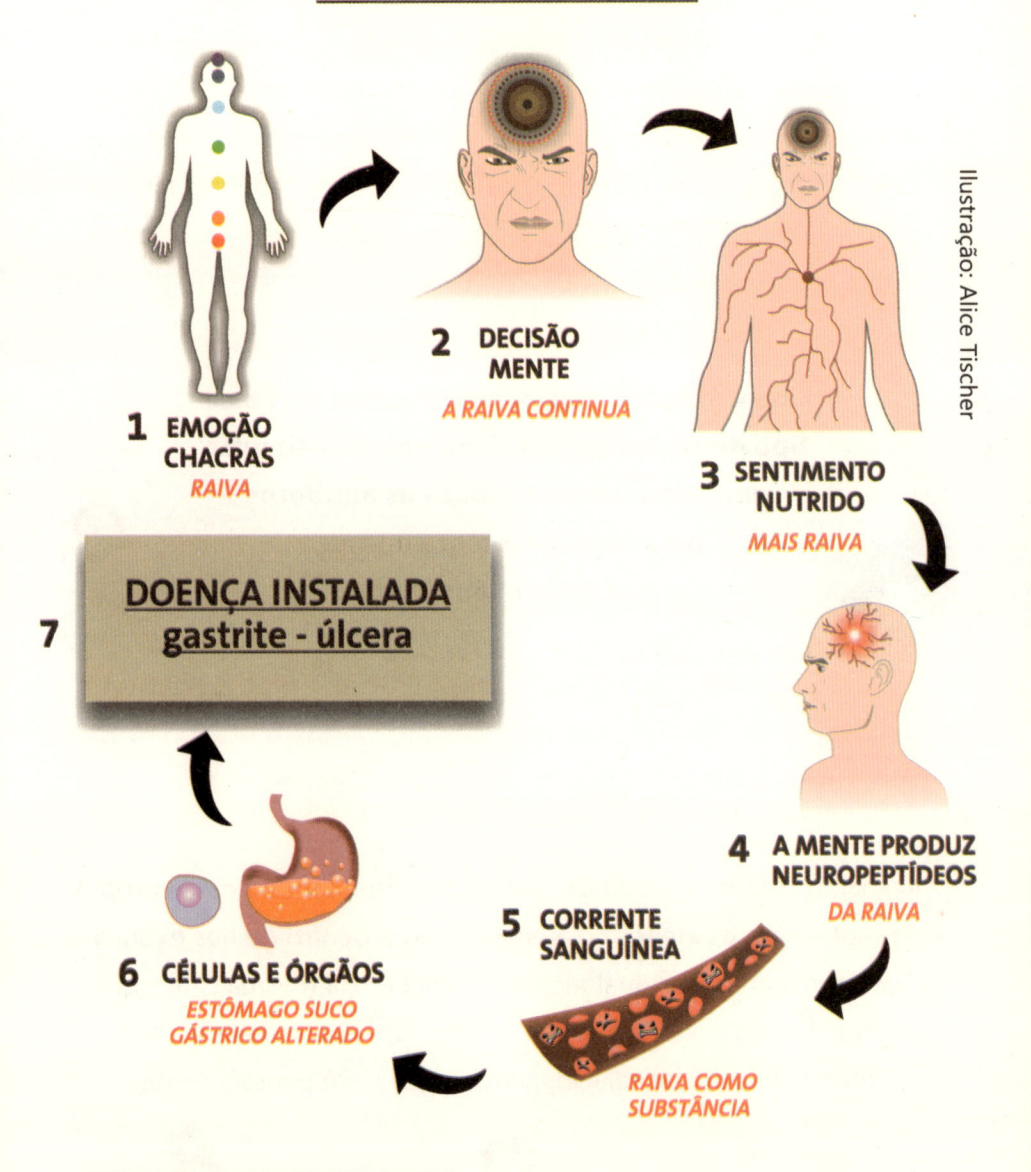

Ilustração: Alice Tischer

1 EMOÇÃO CHACRAS
RAIVA

2 DECISÃO MENTE
A RAIVA CONTINUA

3 SENTIMENTO NUTRIDO
MAIS RAIVA

4 A MENTE PRODUZ NEUROPEPTÍDEOS
DA RAIVA

5 CORRENTE SANGUÍNEA
RAIVA COMO SUBSTÂNCIA

6 CÉLULAS E ÓRGÃOS
ESTÔMAGO SUCO GÁSTRICO ALTERADO

7 DOENÇA INSTALADA
gastrite - úlcera

---

[2] Atividade não aconselhável para quem deseja ter saúde, pois trata-se de uma sintonia tóxica. Algumas pessoas chegam a ficar doentes só porque assistem a muitos noticiários diariamente.

Agora você já sabe qual é o caminho da raiva no seu corpo. Compreenda que cada emoção negativa que sentimos – medo, tristeza, ansiedade, sentimento de rejeição, baixa autoestima, fobia, pânico, medo de falar em público, mágoa, arrependimento, necessidade de aprovação social, autopiedade, remorso, culpa, etc. – tem o seu próprio caminho. Ou seja, tudo o que não é condizente com a nossa natureza divina possui um caminho interno que muda o ambiente celular e altera quimicamente o nosso organismo, produzindo a doença.

É bem simples, mas poucas pessoas têm esse tipo de compreensão. E em vez de estimular que nosso corpo produza os antídotos para equilibrar o organismo, o que costumamos fazer?

Corremos para a farmácia e compramos um medicamento para repor artificialmente uma substância que o nosso corpo produziria naturalmente se estivesse em equilíbrio.

Acabamos nos entupindo de remédios e intoxicando nosso corpo, que sofre com os efeitos colaterais, embora dentro de nós exista a chave capaz de sanar qualquer mal. Veja bem, a mesma chave que criou a doença pode expulsá-la, é só uma questão de polaridade, de escolhas diárias relacionadas ao que você pensa e sente.

> Obviamente que, quando a doença física já está instalada, as medicações alopáticas são necessárias para tratar o corpo físico, mas é importante compreender que dentro de cada um de nós existem as perfeitas condições para produzir tudo o que o nosso corpo precisa para ter saúde.

Sinto-me absolutamente confiante para fazer essas afirmações, pois dediquei mais de 15 anos à atuação na área holística e acompanhei as transformações de milhares de alunos, mentorados e consultantes que já fizeram verdadeiros milagres com a mente, apenas mudando a maneira de pensar sobre a vida, invertendo a ótica da nossa sociedade doente e manifestando os comandos necessários para que os chacras produzam o que é preciso para conquistar a saúde. Em todos esses anos, já testemunhei histórias incríveis, nas quais a esclerose múltipla foi revertida, além de muitos casos de câncer em que as pessoas se curaram usando o poder da mente.

No entanto, muitas pessoas acham mais fácil usar medicação em vez de se dedicar a sua reforma íntima. É importante deixar bem claro aqui que sou a favor da alopatia e defendo os laboratórios, pois tudo isso é primordial para a nossa existência e qualidade de vida. O que acontece é que atualmente a nossa relação com a alopatia está desequilibrada! Existe um grau de engano muito forte que nos leva a crer que as questões da alma podem ser tratadas com remédios químicos. Alma, emoções e pensamentos precisam de terapia, *coaching*, energia e elementos da natureza. A alopatia, por sua vez, deve ser usada para tratar os problemas do corpo físico.

> **O ideal é que, para cada dose de medicação ingerida, você utilize 10 doses de consciência.**

Cada pílula que entra no seu corpo deve entrar com questionamento, porque, na hora da dor, tudo o que mais queremos é um remédio que nos traga alívio imediato. E até aí tudo bem, desde que também tomemos uma grande dose de consciência para ter a certeza de que, além da medicação, está entrando também consciência acerca de nossos pensamentos, sentimentos e emoções, para que um dia não precisemos mais tomar esse remédio.

As pessoas hipertensas, por exemplo, podem voltar a ter uma pressão normal. Pessoas com pressão baixa podem equilibrar a sua pressão e voltar a viver sem medicação. Claro que tudo isso deve ser feito com acompanhamento médico. Em muitos casos que já acompanhei, os depressivos que faziam uso de remédios controlados e de tarja preta, com as práticas complementares e holísticas, começaram a se sentir bem. Pouco a pouco, conversando com seus médicos, diminuíram as doses dos medicamentos, até que, depois de um tempo, pararam por completo.

Muitas vezes é uma questão de querer, de ter vontade de tomar as rédeas da sua vida. Com certeza também é muito mais econômico.

Muitas pessoas, influenciadas pela educação que recebemos, acreditam que é melhor ir à farmácia e comprar um medicamento do que fazer uma reforma íntima. De fato, é uma solução mais fácil, mas pode destruir nossa saúde no longo prazo. Estatísticas comprovam que, nos Estados Unidos, ocorrem mais mortes por efeitos colaterais dos remédios do que pelas doenças que eles tratam.

Se você quiser ter acesso a muitas pesquisas e estatísticas sobre a indústria farmacêutica, recomendo o excelente livro *Tarja Preta*, de Márcia Kedouk. Recomendo também o brilhante artigo "A chocante verdade sobre a indústria de remédios", disponível no site da Luz da Serra e escrito pelo meu amigo e sócio Bruno J. Gimenes, que é químico, estatístico e especialista em cura natural.

Eu até acredito que todos saibam racionalmente que os medicamentos têm milhares de contraindicações e efeitos colaterais, mas nossa sociedade é imediatista e só pensa a curto prazo. Por isso, a maioria das pessoas não leva isso em consideração e não analisa todas as nuances e consequências quando leva uma pílula (que parece inofensiva) à boca. O medicamento é incrível para resolver um problema pontual até que você tenha consciência do que realmente está acontecendo com suas emoções, sentimentos e pensamentos.

Porém, se usá-lo por muitos anos, você vai ficar mais doente em função da medicação do que pelo problema de saúde em si. Por isso, pense bem antes de ir à farmácia e tomar um remédio, pense bem antes de decidir intoxicar seu corpo com drogas artificiais quando já tem todas as farmácias dentro de você.

Você tem condições de buscar dentro de si a cura natural para sanar qualquer mal, então opte por esse caminho em primeira instância e procure encontrar a cura interior, por meio da sua reforma íntima.

AS FAIXAS DA DOENÇA

Agora você vai entender a forma de manifestação e o processamento da doença em nosso corpo. É bem importante que você compreenda em que faixas as doenças se localizam, pois, se alguém precisar da sua ajuda, será bem fácil explicar. Todas as partes do nosso corpo são codificadas e tanto as nossas virtudes quanto as nossas doenças acontecem por faixas, conforme veremos a seguir:

1 – FAIXA DA SOBREVIVÊNCIA

A primeira faixa de manifestação da doença está na região do períneo, local onde encontramos o primeiro chacra: é a faixa da sobrevivência. Sempre que você tiver algum problema ligado à sobrevivência, é na região que vai dos pés até o cóccix que a doença vai surgir. Quando lhe faltarem condições para ter uma boa estrutura de vida e viver sobre a Terra de forma equilibrada, para se alimentar e ter um lugar onde morar, é essa região que vai ficar desequilibrada e doente. Essas situações de carência material desencadeiam doenças na região dos ossos, dos quadris, da coluna, das pernas, dos pés, do ânus, dos rins e em tudo aquilo que nos dá sustentação para viver.

2 – FAIXA DOS RELACIONAMENTOS

A segunda faixa de manifestação da doença começa na região sexual, local onde está o segundo chacra: é a faixa dos relacionamentos. Quando ocorrer desequilíbrio nos seus relacionamentos, sejam amorosos, com pai, mãe, familiares, com você mesmo ou com qualquer outra pessoa, quando surgirem problemas de autoestima, ocorrerá algum desequilíbrio e manifestação de doenças na região sacra, onde estão localizados os órgãos sexuais, o útero, os ovários, a bexiga, a próstata, o ventre e o umbigo.

3 – FAIXA VISCERAL

A terceira faixa de manifestação da doença começa na região do umbigo, local onde está o terceiro chacra: é a faixa visceral. Quando ocorrerem desequilíbrios relacionados ao poder pessoal, manifestação do seu poder sobre a Terra, realização de metas e objetivos, vai acontecer algum desequilíbrio na região das vísceras, no estômago, intestino, baço, pâncreas, fígado. Os sentimentos mais intensos como medo, paixão, mágoa, tristeza, raiva, arrependimento e fobia se processam nessa faixa, e os órgãos ali presentes serão afetados quando seu poder pessoal não estiver bem resolvido e definido.

4 – FAIXA CARDÍACA

A quarta faixa de manifestação da doença começa na região do peito, local onde está o quarto chacra: é a faixa cardíaca. Quando você passar por algum desafio no que diz respeito ao amor e à sabedoria, poderá ter doenças relacionadas ao coração. Por exemplo, as pessoas que não se sentem amadas o suficiente, que não sentem que o amor flui em direção a elas, provavelmente vão desenvolver câncer de mama. Já as pessoas que sofrem de apego material excessivo podem vir a ter disfunções cardíacas.

5 – FAIXA LARÍNGEA

A quinta faixa de manifestação da doença começa na região da garganta, local onde está o quinto chacra: é a faixa laríngea. Associada à garganta, à boca, ao nariz, aos ouvidos, às mãos e aos braços, essa faixa tem conexão com nosso quinto chacra e com nosso poder de realização. Ela se refere a tudo o que é vinculado à expressão de ideias, à comunicação, à expressão, à materialização de sonhos, à realização de objetivos e metas. Se você é quietinho, introspectivo, não consegue dizer o que pensa, nem colocar a mão na massa para realizar projetos, ou seja, encontra-se em processo de estagnação, a doença vai se estabelecer nessa região. Ela pode afetar os ouvidos, a garganta e a respiração, causando rinite, sinusite, otite, herpes, alergias respiratórias e outras doenças que se manifestam nesse local.

6 – FAIXA MENTAL

A sexta faixa de manifestação da doença começa na região dos olhos, local onde está o sexto chacra: é a faixa mental. Na sexta faixa, temos o sexto chacra, que nos traz o conhecimento divino, ou seja, a conexão da sua mente com a Grande Mente Universal ou a Mente de Deus. As doenças que acontecem nessa região – que inclui os olhos, a região das sobrancelhas, a testa e as têmporas – trazem uma associação direta aos problemas mentais, dores de cabeça, depressão, miopia e tumores no cérebro. Essas doenças ocorrem quando falta a conexão da nossa mente com a Mente do Criador.

7 – FAIXA CAUSAL

A sétima faixa de manifestação da doença começa na região do topo da cabeça, local onde está o sétimo chacra: é a faixa causal, associada à espiritualidade. Nessa faixa estão concentradas as doenças relacionadas à desorientação do relógio biológico e do sono, as doenças mentais graves, como esquizofrenia, síndrome do pânico, depressão e tendência suicida, que normalmente são provenientes de uma desconexão total da energia espiritual.

Patrícia Cândido

FAIXAS DA DOENÇA

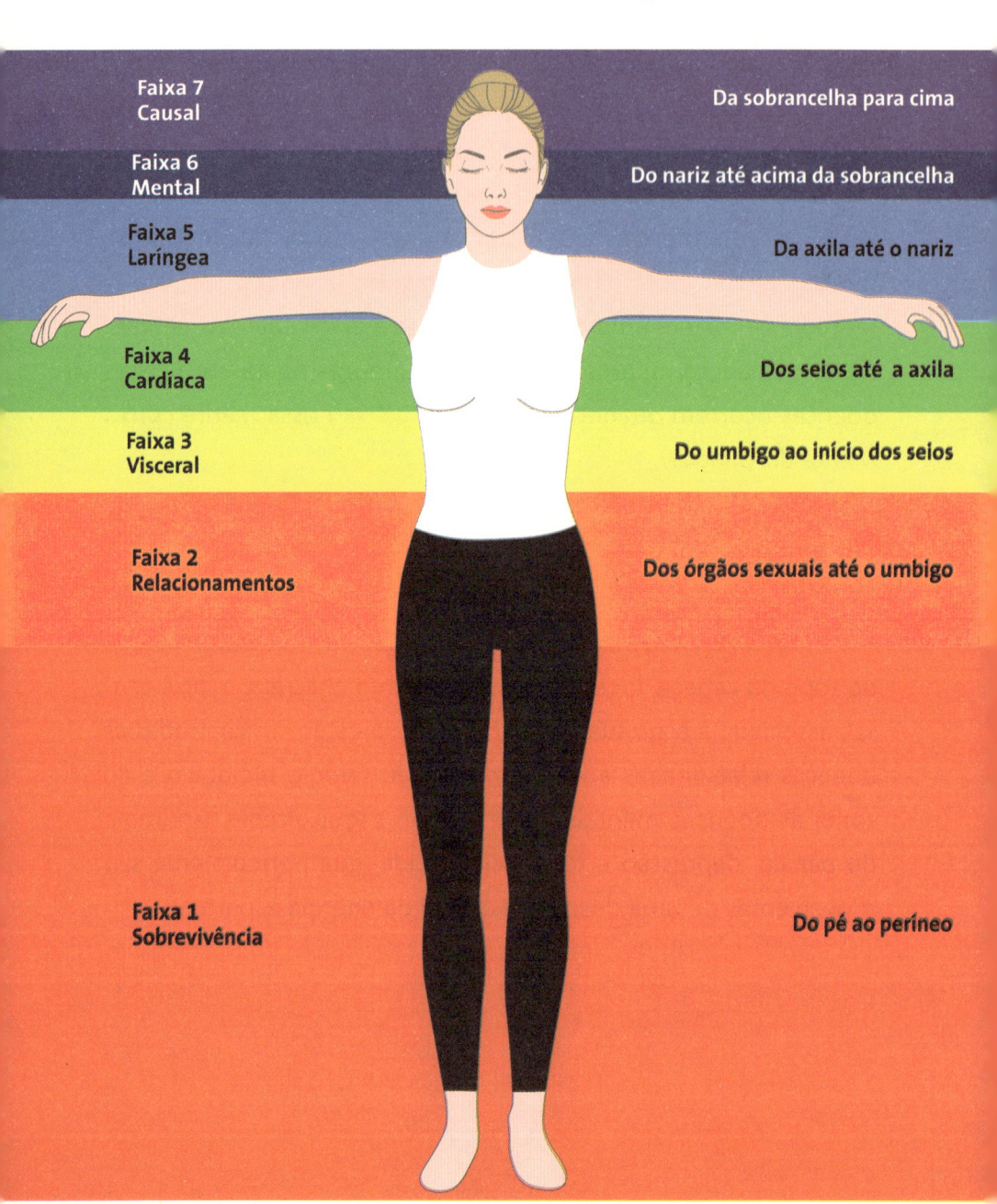

Faixa 7 Causal — Da sobrancelha para cima

Faixa 6 Mental — Do nariz até acima da sobrancelha

Faixa 5 Laríngea — Da axila até o nariz

Faixa 4 Cardíaca — Dos seios até a axila

Faixa 3 Visceral — Do umbigo ao início dos seios

Faixa 2 Relacionamentos — Dos órgãos sexuais até o umbigo

Faixa 1 Sobrevivência — Do pé ao períneo

Ilustração: Alice Tischer

Agora que você já conhece as faixas nas quais a doença se estabelece, ficou fácil compreender que, quando a doença acontece na faixa 1, está relacionada à sobrevivência, na faixa 2 está associada aos relacionamentos, na faixa 3 à falta de poder pessoal, na faixa 4, à falta de amor e sabedoria, e assim por diante. Dessa forma, é muito mais fácil classificar e entender como a doença se processa no nosso corpo.

Quando uma pessoa está em um estado de plenitude e conexão, cada chacra dela está no rumo da missão da sua alma. Ela caminha de forma equilibrada sobre a Terra, tem bons relacionamentos, exerce seu poder com equilíbrio, desenvolve o amor com harmonia, comunica-se de maneira equilibrada, consegue conectar a sua mente à Mente de Deus e compreende todo esse processo. Assim, podemos dizer que essa pessoa está com suas faixas em equilíbrio ou então caminhando para o equilíbrio geral, em um processo de ascensão.

FORMAS DE PENSAMENTO E DOENÇAS

A cada pensamento que disparamos, uma forma é criada e dispersa nos ambientes ao nosso redor. O livro *Formas de Pensamento*, escrito por Annie Besant e Charles Leadbeater no século passado, continua sendo uma obra muito atual, porque apresenta de forma incrível a capacidade que a nossa mente tem de materializar pensamentos ruins, nocivos; e o pior de tudo é que, quando criamos uma forma pensamento negativa que se torna um pensamento recorrente ou uma ideia fixa, ela se transforma num monstro que nos acompanha por onde quer que vamos.

Cada vez que conseguimos transmutar um pensamento negativo, adicionando boas ideias e bons pensamentos, a nossa aura muda de cor e, por consequência, muda também a sua vibração, produzindo formas de pensamento positivas. Hoje em dia já existe uma máquina capaz de capturar a imagem da aura de uma pessoa, demonstrando comprovadamente que a alteração do estado emocional muda sua cor e seu padrão.

Se hoje o nosso planeta está doente, podemos ter certeza de que isso está associado às formas de pensamento que as pessoas vão disseminando pela rua, pelos lugares onde passam. A poluição que existe no planeta não é apenas climática, química ou sonora: existe também a poluição energética que vem dos pensamentos ruins que os seres humanos produzem e espalham por aí. Quantas vezes na sua vida você já entrou em um ambiente e sentiu um peso ou uma energia ruim? Essa sensação está ligada à carga de pensamentos nocivos que gravitam no ambiente. Um ambiente com lixo acumulado por muito tempo atrai toda a sorte de animais peçonhentos que produzem a doença. Energeticamente, acontece a mesma situação.

A doença também vem porque nós, seres humanos, de um modo geral, estamos perdidos, distantes da nossa essência divina, e podemos constatar isso no nosso dia a dia, cruzando por aí com pessoas de expressão triste, olhos caídos, estressadas, com medo, distraídas pela vaidade excessiva e com foco total em sua estética, esquecendo-se de sua beleza interior, que está na essência. Isso é desnecessário, foge da harmonia da natureza, da nossa harmonia essencial, e faz o ser humano entrar na vibração dos vícios, na maioria das vezes por carência, para chamar a atenção dos outros, e por uma série de outros fatores!

Você está enganado se acha que os vícios estão limitados às drogas, ao fumo, ao álcool e aos jogos. Nos meus anos de consultório vi de tudo: desde vícios em tatuagem, cirurgia plástica, raiva, medo, estresse, jogos on-line, reclamação, brigadeiro, refrigerante e chocolate. Há todos os tipos de vícios, e eles se caracterizam por tudo aquilo que nos escraviza. Você simplesmente não consegue parar de fazer, mesmo que queira muito, e nesse rol estão incluídos os pensamentos nocivos e suas formas!

Portanto, se você cuidar bem de si mesmo e "reciclar seu lixo mental", não o depositando na aura do planeta, já vai tornar o nosso mundo um lugar bem melhor de se viver. É daí que vem a frase: "Quando eu mudo, o mundo muda", pois o que muda de verdade é a sua ótica, o seu jeito de ver o mundo e as pessoas ao seu redor.

UM CORPO DOENTE É UM CORPO SEM COMANDO!

Como já vimos no capítulo anterior, todos os chacras principais, que se localizam do períneo (1º chacra) até a garganta (5º chacra) estão sob o comando do chacra frontal (6º), que se localiza entre as sobrancelhas. O 6º chacra é a nossa central de comando, é de lá que saem todas as estratégias para o funcionamento das glândulas e dos órgãos.

Quando nossa mente está deprimida, triste, quando não vê sentido ou propósito em nossas vidas, é como se todos os órgãos e células funcionassem por conta própria, sem uma liderança que faça com que todos trabalhem pelo mesmo objetivo. Imagine uma empresa com vários departamentos, mas sem comunicação entre eles, sem metas e objetivos, que não tem um presidente que determine para onde a empresa deve ir. O que aconteceria com essa empresa? Certamente ela iria à falência.

E é exatamente isso que acontece com o nosso corpo, quando o chefe maior (nossa mente) se desconecta do todo. E o pior: todas essas sensações de medo, tristeza e depressão são transferidas aos órgãos como se fosse um veneno que aos poucos vai deteriorando todas as "máquinas" que produzem as substâncias vitais para o funcionamento de todos os nossos 14 departamentos, que são os sistemas endócrino, digestivo, excretor, cardiovascular, respiratório, nervoso, sensorial, urinário, reprodutor, esquelético, muscular, imunológico, linfático e tegumentar. Se essas 14 áreas não estiverem em harmonia e perfeitamente conectadas com uma mente equilibrada, é muito provável que células indesejadas comecem a se multiplicar, que alguns departamentos funcionem com maior velocidade do que outros, e assim o nosso organismo se desequilibra e fica doente.

> ## LEMBRE-SE:
>
> Sempre que você fica mal, seus órgãos ficam tristes, choram, ficam deprimidos, com raiva, medo e se sentem culpados. Cada órgão, cada célula é uma extensão menor de nós mesmos, assim como nós somos uma extensão menor de Deus. Então, é preciso ter muito cuidado com a sua energia.
>
> Não existe nada mais importante na vida do que separar um tempo para cuidar dela, principalmente pela manhã, quando a energia pura, o Fogo Sagrado Cósmico entra em nosso chacra coronário e abastece todos os órgãos e células. Se você está sempre correndo e não separa esse tempo para cuidar de si, é certo que você vai ficar doente, e isso não é uma "praga", mas uma constatação lógica.
>
> Quando você cuida da sua energia com técnicas simples como as que vai encontrar no final deste livro, seu corpo entra em equilíbrio e seus órgãos trabalham felizes e motivados.

Agora vamos a um resumo do que vimos até agora. Como muitos conceitos desta obra são inovadores e revolucionários, vamos repassar alguns pontos, porque é muito importante que você os compreenda para seguirmos adiante:

1. Toda dor ou doença traz uma mensagem, um aviso de uma necessidade de mudança.

2. Sempre que você tem uma simples dor de cabeça, ela está lhe dizendo que existe uma pane no sistema, algo que precisa de reparo.

3. Pensamentos, sentimentos e emoções em desequilíbrio são os reais causadores das doenças.

4. Os pensamentos e sentimentos que estão desequilibrados durante muito tempo são os principais causadores das doenças graves. Se você sentir raiva por muito tempo, vai ter uma gastrite. É um caminho natural, lógico como a matemática: a doença se torna grave e evolui, caso a emoção original não seja tratada.

5. Evolução espiritual e hábitos saudáveis geram bem-estar, porque a saúde é o resultado do equilíbrio das emoções, pensamentos e sentimentos. Então, quando você está com seu espírito equilibrado e alinhado com a sua mente e suas emoções, você desenvolve um "estado de saúde".

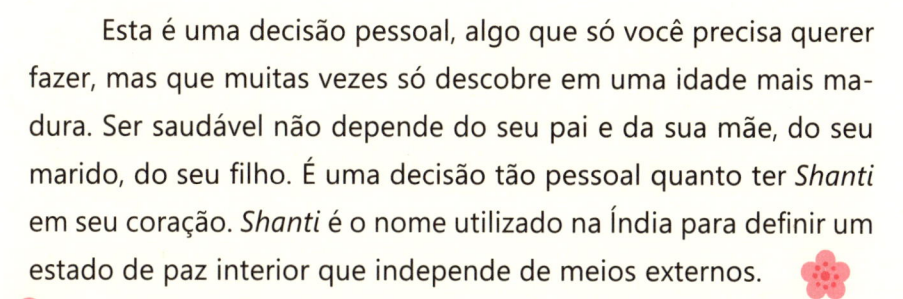

Esta é uma decisão pessoal, algo que só você precisa querer fazer, mas que muitas vezes só descobre em uma idade mais madura. Ser saudável não depende do seu pai e da sua mãe, do seu marido, do seu filho. É uma decisão tão pessoal quanto ter *Shanti* em seu coração. *Shanti* é o nome utilizado na Índia para definir um estado de paz interior que independe de meios externos.

Uma vez que você decide ter um estado de *Shanti*, sente paz mesmo numa guerra, no meio de um campo de batalha, e isso é totalmente possível, desde que você decida que nada nem ninguém será capaz de mudar esse estado. É uma escolha pessoal e você pode conquistar *Shanti* se estiver centrado no seu propósito e em si mesmo, podendo inclusive mudar a sua condição genética.

Naturalmente, a raça humana necessita da dor e da doença como instrumento pedagógico divino, que nos leva ao crescimento espiritual. É notório que, se não fosse a ação da dor, da doença e do sofrimento, a raça humana se acomodaria em seu mundo de ilusões e não sairia do lugar.

Nós podemos evitar a pedagogia da dor e da doença ficando atentos aos sinais do universo, preferindo o estilo de vida voltado ao bem-estar integral e, principalmente, à conexão com a Fonte de Energia Universal, por meio de simples práticas, como a oração e meditação constantes.

Assim como os pensamentos e sentimentos densos são os reais causadores de doenças, quando elevados a padrões sutis, eles curam e transformam.

O NOSSO CORPO FALA, E ELE QUER TRANSFORMAR O MUNDO!

Seu corpo fala e interage com você o tempo todo, mas, para entendê-lo, é preciso que você o conheça. Embora seja uma unidade, o corpo tem várias partes que são autônomas e que se comunicam conosco de forma independente. Vamos usar o fígado como exemplo: segundo a Medicina Tradicional Chinesa, o fígado é um universo à parte, é como se ele fosse outro ser humano dentro de nós, porque tem a capacidade de processar os alimentos que ingerimos, separar e metabolizar todas as vitaminas e tudo que nós precisamos para que nosso corpo funcione bem.

Na sabedoria ancestral da Medicina Tradicional Chinesa, existe uma lenda ou uma metáfora que, no meu ponto de vista, é a mais pura verdade. Essa lenda conta que existem fadas ou devas, que são seres de luz, habitando o nosso fígado e todos os nossos órgãos. Quando o fígado é bem tratado, se há pouca ou nenhuma ingestão de álcool, de alimentos industrializados, e temos uma dieta leve, com comida saudável, que realmente nos faz bem, esses seres de luz fazem o fígado funcionar bem. O fígado é um órgão vital, tão importante quanto o coração ou o cérebro, e precisa ser muito bem cuidado. Não podemos jogar lixo dentro dele o tempo todo, por isso que é importante cuidar da alimentação com comida de verdade.

Quando comemos alguma coisa mais pesada, a primeira sensação é uma dor de cabeça, nos sentimos mal, sonolentos, porque o fígado precisa fazer uma força descomunal para processar todo o lixo que jogamos nele. É por isso que entender a energia do nosso corpo e o fluxo da doença é também uma questão de amor!

> **Se você tem autoamor, amor pelo seu fígado, pelos seus órgãos e pelo seu corpo, que é um Templo Sagrado, você começa a se cuidar melhor.**

E isso também pode ser chamado de autoestima. É quando você substitui refrigerante por água, pois você sabe que a água combina com o seu corpo. A água foi feita sob medida para o seu corpo. A água está presente em toda a natureza, e o refrigerante foi inventado pelo homem e não é o combustível correto para o seu corpo. Somente neste exemplo já vemos o nível de simplicidade e de complicação: para ter acesso à água você só precisa encontrá-la na natureza e para ter acesso a um refrigerante existe todo um sistema de fabricação e comercialização. **Prefira sempre o simples e os alimentos naturais que já estavam aqui na Terra há mais de quinhentos anos pelo menos.**

> A natureza criou o vento, e o homem inventou o ar-condicionado. O vento é muito simples, assim como a água também. O ar-condicionado e o refrigerante, por sua vez, são muito complicados. Quanto maior o nível de complexidade, mais ignorância e menos sabedoria estão envolvidos no processo. Quanto mais simples, mais sabedoria está envolvida, e mais perto da natureza você estará.

Se foi a natureza que fabricou, pode consumir! Seguindo essa regra simples, seu corpo vai ter mais saúde! Quando você o alimentar com alimentos naturais, orgânicos, coisas que brotam do chão, que nascem em árvores, e com a água que vem da natureza, ele será mais saudável. É muito importante ter esse amor próprio, esse autocuidado, essa autoestima de cuidar de si, pois somos todos expressões da divindade.

Algumas pessoas que seguem filosofias reencarnacionistas costumam dizer que o nosso espírito é o aspecto que precisa de mais cuidado e que o corpo não importa tanto assim, que não precisamos tomar tanto cuidado com ele. **Eu concordo e, ao mesmo tempo, discordo!**

Concordo que o espírito seja a nossa parte mais essencial, afinal de contas estamos falando da nossa essência espiritual. Mas o corpo material precisa de muitos cuidados e manutenção, pois tudo o que fazemos ao nosso corpo físico afeta diretamente o nosso espírito, e vice-versa.

Há aquelas pessoas que, de forma muito iludida, afirmam: "Daqui a no máximo 50 anos eu já não estarei mais na Terra, então vou aproveitar, comer o que eu quiser, beber de tudo, quero aproveitar a vida!"

Espiritualmente falando, isso não é aproveitar a vida, mas desperdiçá-la e jogar fora uma oportunidade rara de evolução. Nós realmente podemos aproveitar o tempo em que estamos aqui na Terra sendo felizes, tendo saúde.

Quem não tem amor por si mesmo e não se cuida, está sempre doente. E que graça há em viver para ficar doente, depender das outras pessoas, passar boa parte da vida em filas de hospitais, procurando ajuda ou tomando medicações? Algumas pessoas realmente precisam desses recursos, e não há mal algum em utilizá-los, mas muitas delas poderiam resolver seus problemas de forma natural, com ajuda terapêutica, abandonando o estado de vitimização e tomando definitivamente as rédeas das suas vidas.

A saúde é o melhor caminho, porque conseguimos ter qualidade de vida, aproveitar melhor os momentos com as pessoas que amamos e usar o nosso tempo de forma positiva, para contribuir com a humanidade.

POR QUE VOCÊ ESTÁ AQUI NA TERRA? POR QUE VOCÊ ESTÁ NESTA VIDA?

Para contribuir com o planeta e ajudar a humanidade a ser melhor. Mesmo que o seu trabalho, seus objetivos e as coisas que você faz sejam simples ou pequenas, você é muito importante no contexto atual da humanidade. Se você cuidar da sua energia e sentir só coisas boas, já está contribuindo muito com o mundo.

Madre Teresa de Calcutá costumava dizer que é um grande engano não fazermos alguma coisa porque a nossa ação é pequena. Ela dizia que o seu trabalho era apenas uma gota no oceano, mas que sem essa gota o oceano seria menor. Com a sabedoria dessa grande mestra da humanidade, podemos encontrar motivação para ajudar alguém neste momento! Agora mesmo! Você tem muito a oferecer, muito com o que contribuir! Pode ser um sorriso, um telefonema, uma mensagem, um abraço, uma palavra amiga.

Muitos de nós temos o costume de pensar que a ajuda só pode ser oferecida por quem tem dinheiro. Ledo engano! Você tem muitos talentos e pode oferecê-los ao mundo!

Existe uma frase que de vez em quando aparece nas redes sociais e diz assim: **"Gente feliz não enche o saco"**. E é verdade. As pessoas que se dizem infelizes e estão sempre com uma energia densa, pesada, passando mal, reclamando, focadas na maledicência, que só sabem extrair o pior da vida poluem o planeta com seus pensamentos, sentimentos e emoções negativos.

Então, quanto mais gente feliz no nosso mundão, menos poluído fica o ambiente energético do planeta. E é por isso que só de você procurar ficar bem e cuidar de si com muito amor, já está contribuindo para a evolução da humanidade. Mais tarde, depois de ter se cuidado, de conseguir ajudar alguém e contribuir para que ele seja melhor, de auxiliar na evolução de outras pessoas também, aí, sim, você estará mudando o mundo de verdade.

Madre Teresa, quando iniciou seu trabalho, começou com apenas um doente. Ela fazia o que podia, ajudava um de cada vez dentro de suas condições, que eram muito precárias. Hoje a congregação fundada por ela, as Missionárias da Caridade, tem representatividade em quase todos os lugares do mundo.

Quando você ajuda alguém, quando faz o que pode pelo mundo, começa a inspirar as outras pessoas, assim como a Madre Teresa fez. Ela já não está mais aqui na Terra, mas deixou seu legado do bem. Se você faz o bem, outras pessoas começam a segui-lo e modelá-lo, fazendo o bem também. Aventure-se, pois o nosso mundo está carente de bons exemplos.

E se você for uma boa referência para as outras pessoas, tanto nos cuidados consigo mesmo quanto com os outros, você já está transformando tudo ao seu redor.

Mesmo que você só possa contribuir com um pouco, ajude da forma que puder, porque isso também o motiva. Isso também ajuda. Muitas pessoas em depressão que tratei em consultório não tinham motivação para viver. A minha recomendação principal aos depressivos era o trabalho voluntário e comunitário, porque, ao ouvir as histórias e os problemas dos outros, a pessoa conseguia encontrar o seu caminho de cura.

É muito importante que você pratique o autoamor, o autoperdão, o autocuidado e também aprenda a escutar o seu corpo em momentos de silêncio e contemplação, porque seu corpo fala com você. Silencie sua mente alguns minutos por dia para ouvir o que o seu corpo tem a lhe dizer. Essa é uma prática simples que pode parecer estranha no início, mas, com treino, você certamente aprenderá a ouvi-lo.

Vamos começar essa reflexão supondo que você more na maior cidade do país, um lugar muito barulhento e talvez um dos mais agitados do mundo. Imagine que você escuta muitas buzinas, pessoas circulando, muito barulho em todos os lugares, e é difícil encontrar um tempo para relaxar ou ficar consigo mesmo. Ainda assim, morando no lugar mais agitado do mundo, se quiser de verdade, você conseguirá!

Costumo dizer nos meus cursos e palestras que o universo não pode dar o primeiro passo por você, porque, pela lei do livre- -arbítrio, somente nós podemos decidir dar o primeiro passo, seja no que for que você quiser investir. O livre-arbítrio é sempre seu. Mas quando nós decidimos dar o primeiro passo, o universo nos empurra e nos impulsiona para os seguintes.

Dê o primeiro passo e pare pelo menos 5 minutos por dia para escutar seu coração. Pode ser no meio da tarde ou no horário que for mais conveniente. Pare, feche os olhos e respire profundamente até conseguir escutar o pulsar do seu coração. Esse é justamente o ponto ideal para que você escute o seu corpo, e ele vai lhe dizer aquilo de que está precisando.

O seu corpo se comunica com você sempre, você é que não o escuta. Então, fazer uma autoaplicação de Reiki, receber um passe, praticar Ho'oponopono, yoga e até correr na esteira são formas de comunicação com o próprio corpo, de escutar o que seu corpo quer lhe dizer.

Converse com seu corpo, pois ele quer de alguma forma falar sobre a missão de sua alma e de como, juntos – corpo, alma, mente, pensamentos, sentimentos, emoções –, vocês podem contribuir para um mundo melhor.

CAPÍTULO 3

A relação da doença com o seu corpo

A PARTIR DE AGORA, VAMOS ESTUDAR MAIS A FUNDO a relação de determinadas doenças com nosso corpo e nossa energia. Não seria possível mencionar todas as doenças em um único livro, portanto fiz uma pesquisa virtual com o público da Luz da Serra, que conta com milhões de pessoas, e isso me deu uma boa amostragem dos problemas atuais do mundo e das principais desordens causadas pelo ciclo da doença.

Com base nessa pesquisa, cheguei a uma lista das doenças mais recorrentes, e abordei o que as pessoas tinham mais curiosidade de saber sobre os fatores psicossomáticos que geravam esses males. Nem todas as doenças serão contempladas, é verdade. Mas isso não será um problema para você, desde que tenha conseguido extrair o aprendizado mais importante desta leitura: a ideia de que **as doenças acontecem por faixas.**

Esse é um conceito essencial. Se você estiver com alguma dúvida, faça uma pausa agora e volte ao capítulo 2, no subtítulo "As 7 faixas da doença". Uma vez que você dominar esse conhecimento, conseguirá associar qualquer doença à faixa em que ocorre, e não precisará conhecer todas as doenças do mundo, tampouco compreender sua complexidade ou como elas são. Basta identificar a faixa em que elas ocorrem, quais as emoções correspondentes e qual o chacra que está em desequilíbrio. Sendo assim, **aprofunde seus estudos para conhecer melhor os chacras e os aspectos que os fazem ter saúde ou se desequilibrar, e então você terá o mapa em suas mãos.**

Qualquer doença que lhe for apresentada – não importa que tenha um nome complicado – bastará a você perguntar onde dói, onde esse problema se manifesta. Se uma enfermidade se manifesta na região do coração, por exemplo, ela está vinculada ao quarto chacra. Os sentimentos que geram doenças no quarto chacra são: apego excessivo, tristeza, carência afetiva. A pessoa não se sente amada. Logo, foram essas emoções que geraram a doença, por mais assustadora e complicada que ela pareça.

Há nomes de doenças tão complicados que chegam a nos intimidar. Em outros casos – vi muito isso em consultório – as pessoas até sentem orgulho desses nomes complicados, sentem-se envaidecidas por ter uma doença de nome "bonito, grande e difícil". "Ai, dona Patrícia! Eu estou com a 'síndrome da imunodeficiência psicológica da vontade de comer quindim'". Ok, essa doença não é real, mas o orgulho, a vaidade, a pompa e a circunstância com que as pessoas anunciam suas doenças são. "É uma doença muito rara, acontece em 0,03% da população e eu tenho." Mesmo sendo um fator negativo, às vezes é uma forma da pessoa se sentir rara, especial e ter um lucro afetivo ou emocional. Em muitos casos, a pessoa acaba inconscientemente desenvolvendo uma doença rara por diversos motivos, pode até ser carma. Mas, por uma série de fatores, talvez para se sentir especial, ela já fala daquela doença difícil e raríssima se gabando, porque isso a faz ser uma pessoa única no mundo. Seria maravilhoso se isso fosse exagero da minha parte, mas não é. Acontece de verdade!

Lembre-se disto: **não importa o nome complicado da doença, ela vai se encaixar em uma das sete faixas, associada a um dos sete chacras.** É essa faixa de frequência que precisa ser regulada e ajustada para que a doença vá embora. Então, se a pessoa tem uma doença na região do terceiro chacra, é preciso ajustar o equilíbrio desse centro de energia, para que ele volte a funcionar normalmente, estimulando as glândulas a produzirem o que o corpo precisa. Já vi muitos casos incríveis de reversão, que vão de câncer até esclerose múltipla e insulino-dependência. Portanto, esqueça o nome complicado da doença. Concentre-se no local onde ela está instalada e no que pode ser feito para que essa doença seja tratada.

Para ter total domínio desse conhecimento, é muito importante que você compreenda as mensagens ocultas presentes em cada uma das partes do nosso corpo. A seguir vamos conhecer o significado de cada uma delas.

ARTICULAÇÕES

Energeticamente, as articulações se assemelham aos joelhos, porque são as áreas que dobram, são as ligações entre as nossas partes. Na visão psicossomática, as articulações estão associadas à gratidão pelas relações e à compreensão das transições que precisamos fazer em nossa jornada. Pessoas resistentes a mudanças e que gostam de fazer sempre as mesmas coisas, do mesmo jeito, podem ter problemas nas articulações, artrite ou dores nas juntas.

Quanto mais fácil for a sua capacidade de adaptação às mudanças, melhor as suas articulações responderão. Quanto mais articulada a pessoa é, mais leve é sua vida e mais flexíveis e sadias são as articulações de seu corpo. Se a pessoa possui um comportamento adaptável e focado na busca de soluções, terá suas articulações mais saudáveis. Diante de um contratempo, ela se posiciona acreditando que "está tudo bem e, se não deu para fazer desse jeito, vamos achar outra saída, vamos resolver de outra forma".

Quem costuma ter problemas de inflamação nas articulações normalmente demonstra uma energia represada, contida, que precisa ser liberada. Os problemas nas mãos, como artrite – ou nos ombros, como bursite – ocorrem quando há retenção de muita energia concentrada na articulação, e essa energia precisa ser liberada.

Costumo recomendar que essas pessoas participem de um processo de iniciação em Reiki e que apliquem nas plantas, animais de estimação e em outras pessoas, para que essa energia concentrada possa fluir, sair pelas mãos, porque essa vibração represada nas articulações pode virar doença. Também recomendo atividades em que a pessoa possa se expressar, como exercícios físicos, pintura de telas, trabalhos manuais, além de outras atividades que canalizem energia através das mãos.

ÂNUS E RETO

Os problemas nessa região indicam que a pessoa se sente aprisionada, como se estivesse há muitos anos em uma jaula, vivendo uma angústia constante por se sentir presa. Desequilíbrios nessa região demonstram sede de liberdade.

Nesse caso, uma boa dica é se libertar de tudo aquilo que é inútil ou que está incomodando. Elimine da sua vida tudo que for um peso morto, tudo aquilo que não tem mais serventia... Inclusive esta é a função do ânus e do reto: eliminar aquilo que não serve mais para a nossa vida, eliminar, pelas fezes, aquilo que o corpo não aproveita.

Para ser livre é preciso treino! **Pratique a liberdade, faça as mudanças necessárias, tenha coragem de dizer não e só mantenha por perto as coisas e pessoas que lhe fizerem bem.** Seu grito de liberdade deve ser solto, não o deixe preso na garganta. Aos poucos, com tranquilidade e terapia, vá se libertando de tudo o que o incomoda: objetos, pensamentos nocivos, emoções perturbadoras, rancores, mágoas, pessoas, e a **sua saúde vai melhorar muito: você vai se sentir leve e saudável.**

BAÇO

O baço é a víscera responsável pela produção de leucócitos (nossas células de defesa), tendo também reservas de hemácias, que são as nossas células sanguíneas. O baço representa a dualidade do feminino e do masculino. É como se o baço fosse o pai e a mãe. Quem sofre de neurose, obsessão e se sente desamparado emocionalmente acaba tendo problemas no baço. Normalmente, quando temos problemas sérios de relacionamento com os pais ou com o parceiro, essa víscera é afetada e adoece. **Um bom conselho para o tratamento do baço é buscar reforma íntima e aprender a equilibrar as polaridades feminina e masculina.**

Comece perdoando o seu passado e soltando-o de uma vez, eliminando a reclamação da sua vida e sentindo mais gratidão. Preste atenção, pois reclamação é suicídio em gotas. **Cada vez que você reclama, uma gota da sua vida vai embora, pois reclamar não está de acordo com os princípios universais.**

Bexiga

A nossa bexiga está associada ao elemento água. Ela é uma espécie de represa que contém os líquidos descartados pelo nosso corpo. Os problemas começam a surgir quando há choro reprimido por muito tempo, ou seja, quando a pessoa sentiu vontade de extravasar seus sentimentos, mas teve que ser forte e não pôde demonstrar fraqueza nem expressar suas emoções. Quando essa situação ocorre, a bexiga pode apresentar cistite, cálculos, inflamações e câncer.

As pessoas que estão chegando ao limite dos seus aborrecimentos, começam a apresentar problemas na bexiga, que está associada ao ato de suportar ou represar, a tudo aquilo que aguentamos na vida, seja alguma coisa, situação ou pessoa que precisamos aturar. Se você tem repetido muito a frase: *"Eu não suporto mais... (isso, essa pessoa, essa situação)"*, é provável que venha a desenvolver doenças nessa região. O corpo é inteligente e, de alguma forma, vai liberar essas energias contidas. Se elas não são liberadas através do choro, serão de alguma outra forma, nesse caso podem acontecer doenças na bexiga.

Uma boa dica é começar um processo interno para se libertar de tudo o que o incomoda. Pare um momento, faça uma reflexão profunda e verifique quem está aborrecendo você. O que o angustia? É alguém? É alguma coisa? Uma situação?

Pode ser que coisas simples o incomodem: uma parede na sua casa que está mal pintada, um armário que precise de conserto, alguma situação no lugar onde você trabalha. Depois de identificar, comece a planejar uma maneira de resolver e tire da sua vida tudo o que o aborrece. Não estamos aqui na Terra para sentir incômodo, mas para sermos felizes e expressarmos a nossa beleza. Nós nascemos para enfeitar o mundo com nosso sorriso. Portanto, se há alguma coisa ou pessoa que está incomodando-o, liberte-se. Simplesmente tire da sua vida tudo o que lhe causa incômodo.

Comece eliminando o que é mais simples e depois, com calma e maturidade, resolva o mais difícil. É importante você treinar com as pequenas coisas para depois resolver as grandes.

O que está irritando você? É o corte de cabelo? Quem está incomodando você? É o comportamento do seu filho?

Então, vá resolvendo os pequenos incômodos, pois com a prática você vai chegar ao estágio dos grandes problemas. Sua bexiga agradece.

BOCA

Embora a boca fique na área da cabeça, vamos falar dela especificamente aqui, porque existem muitas doenças que se manifestam nessa região, como problemas nos dentes, nas gengivas, aftas, herpes, dores de garganta, por exemplo.

A boca simboliza a transformação dos pensamentos em palavras, ela traduz em palavra falada aquilo que está em nossos pensamentos. É através da boca que divulgamos ao mundo as nossas aspirações mais íntimas, aquilo que está muito bem guardado, e tudo isso se processa através da garganta, da língua e das cordas vocais.

Quando as nossas palavras ferem as outras pessoas de alguma maneira, surge uma doença na região da boca. No momento em que só emito palavras para criticar, xingar e ferir, as doenças se manifestam porque essas atitudes são desequilibradas e não condizem com a nossa natureza. Toda a energia que enviamos ao universo retorna para nós em um sentido oposto e com a mesma intensidade, como o movimento de um pêndulo. Esta é uma lei natural transmitida pelo Grande Mestre Hermes Trismegistos, do Egito Antigo.

Quando emitimos raiva por meio de nossas palavras, recebemos essa raiva de volta, com a mesma intensidade. Então, se colocamos raiva no nível 50, ela retorna no nível 50. Se colocamos no nível 100, vai voltar no nível 100. Tudo o que direcionamos a algo ou alguém, o universo nos devolve e, se temos palavras só para ferir e criticar, essas feridas vão surgir na boca.

E é por isso que palavras ácidas, preconceituosas e maledicentes tendem a tornar-se feridas, aftas e herpes. Uma boa solução é ter cuidado e vigiar aquilo que falamos. Principalmente a crítica que fazemos aos erros alheios. Experimente ficar sem criticar ninguém por pelo menos uma semana. Faça um teste durante esse período; não julgue nada nem ninguém. Faça um pacto consigo mesmo e você vai se impressionar com os resultados! Coisas incríveis começarão a acontecer na sua vida, o que costumam chamar por aí de "milagres". Reduzir a crítica suaviza a aura e, consequentemente, traz doçura e gentileza às nossas palavras, eliminando as doenças na região da boca.

Procure eliminar a crítica e a reclamação da sua vida durante uma semana. Se você quiser, me envie um e-mail contando como foi essa experiência. Tenho certeza que você vai se surpreender muito positivamente.

Eu conheço pessoas que reclamam tanto, mas tanto, que precisaram adotar uma técnica para vigiar esse processo. Ela consiste no seguinte: você coloca no seu pulso um elástico desses que usamos em maços de dinheiro. A cada crítica ou reclamação, puxe de leve o elástico e solte. Não precisa doer, pois não é para você se martirizar. O objetivo é que você se conscientize quando estiver reclamando ou criticando.

Você vai se espantar com a quantidade de vezes que isso acontece durante o dia. No primeiro dia, você vai puxar várias vezes o elástico. No segundo dia, vai diminuir, até que, após uma semana, talvez você puxe uma vez por dia. Assim, você se torna menos reclamão, mais grato, e os milagres começam a acontecer na sua vida. Cuide bem da sua boca, começando pelo que você diz!

CABEÇA

A cabeça é a morada da nossa mente e do nosso cérebro, o nosso centro de comando, a matriz essencial dos nossos pensamentos. Ela é o nosso painel de controle, de onde vêm informações e comandos para o funcionamento do restante do corpo.

A cabeça possui vários chacras superiores, pois está relacionada à elevação e aos aspectos espirituais. É a parte do nosso corpo onde existe maior número de chacras principais – três ao todo: parte do chacra laríngeo, o chacra frontal e o coronário –, além de importantes chacras secundários, como o *lalana* (situado no palato), o *soma* (acima do chacra frontal), o *bindu* (no topo do cérebro), os *chacras temporais* (têmporas) e o *chacra da nuca*. Além desses, vários chacras secundários circulam em nossa cabeça, pois nela está o nosso cérebro, sempre em movimento de forma autônoma, com uma tempestade elétrica de neurônios. Nosso cérebro nunca para, nunca dorme. Ele até descansa, mas nunca para de funcionar.

Muitas pessoas confundem cérebro com mente. O cérebro é o codificador da nossa alma, um órgão mecânico de processamento de informações. A mente, por sua vez, é o campo de energia onde se processam as sensações, memórias e pensamentos.

Em outras palavras, é como se o nosso cérebro fosse a máquina, o *hardware*, a parte física de um computador, e a mente fosse o *software* desse computador, o programa necessário para rodar as informações. O cérebro é o tradutor do campo de energia mental, transformando os impulsos elétricos dos neurônios em imagens, memórias e sensações.

Quando surgem doenças na região da cabeça, podemos dizer que houve uma desconexão, um desligamento com o restante do corpo e com o nosso propósito espiritual.

🌸 **Compreenda que propósito espiritual não é o mesmo que religião.** Logo, isso não significa necessariamente que um ateu terá problemas na região da cabeça, porque muitas vezes aquele que se diz ateu possui princípios e valores que estão alinhados com o universo, tornando-se muito mais espiritualizado que um religioso assíduo, mas que possui um caráter focado em maledicência, ignorância e preconceito.

Muitas vezes alguém que se diz ateu, apenas não acredita no mesmo Deus que pintam por aí, mas tem um Deus particular no coração, uma forma diferente de ver o mundo. Existem muitos ateus solidários, voluntários de ONGs, filantropos e que estão muito mais próximos de Deus do que pessoas que passam a maior parte do tempo reclamando ou se vitimizando, mesmo que frequentem templos religiosos com regularidade.

O universo não julga, mas responde energeticamente à vibração que emitimos, e por isso ateus podem estar mais ligados ao universo do que muitos religiosos, pois o fato de acreditarem na física quântica, na ciência, também os aproxima de Deus, afinal Deus é tudo, inclusive a ciência. O que a maioria dos ateus sente é um certo desconforto em acreditar em um Deus personificado, sem lógica e que castiga todo mundo. E esse é o Deus de muitas pessoas, o Deus da ignorância.

É muito comum alguém ir à missa duas vezes por semana, frequentar o culto ou rezar toda hora, todos os dias, e ainda assim não ser espiritualizado, não ter integração com Deus. Algumas pessoas, embora sejam religiosas, não são integradas com Deus e com a fonte de energia criadora, assim como há aqueles que não rezam, que não vão a templos, que não frequentam a igreja, e que são muito conectados com a energia da criação. Pessoas que preferem cultivar um jardim, contemplar a natureza, porque não têm um jeito tradicional de lidar com Deus, mas estão muito mais conectadas. **A espiritualidade é muito pessoal e relativa, é muito particular e não existem regras para que a conexão aconteça, é algo que vem do coração, da alma de cada um**.

❀ Quando a pessoa não tem uma conexão, reza como um papagaio, repetindo uma oração decorada e sem sentimento, e tem medo de Deus, dificilmente haverá uma conexão, porque medo não combina com Deus, apenas nos distancia Dele. Então, quem é "temente a Deus", ou seja, tem medo de ser castigado, ainda vive na Idade Média. Quanto maior o medo, mais distantes estamos da Fonte, porque **Deus é alegria, perfeição, sorriso, felicidade, prosperidade, harmonia, abundância, criatividade e compaixão**.

Quando estamos desconectados de Deus, do nosso eu interior, da autoestima e dos nossos valores, uma doença acaba se instalando na região da cabeça, como, por exemplo, cefaleias, enxaquecas ou até mesmo tumores no cérebro. Também podem ocorrer problemas nas glândulas pineal e hipófise, além de coágulos, AVC ou Alzheimer. Enfim, todas as doenças que acontecem na cabeça podem ser vinculadas a um desligamento da espiritualidade, porque existem muitos centros de energia (chacras) nessa região.

Lembra quando falamos lá no início do livro que a energia Chi entra pura pelo sétimo chacra? **Essa energia chega ao sexto chacra de acordo com aquilo que pensamos**, somos nós que a modulamos – positiva ou negativamente. É a partir desse momento que podemos melhorar ou estragar de vez a nossa energia vital!

Tudo depende da qualidade dos nossos pensamentos! Para evitar doenças nessa região, o ideal seria não pensarmos em nada ao acordar, mas, como isso é difícil, podemos utilizar técnicas de meditação para **melhorar a qualidade dos nossos pensamentos pela manhã.**

COLUNA

A coluna vertebral é a nossa sustentação, é o que nos mantém de pé, e por isso está associada à nossa estrutura de vida. Imagine uma pessoa sem coluna. Ela ia desmoronar como um prédio sem estrutura, sem pilares. Quando existe alguma dor ou doença na coluna, normalmente ela está associada às emoções do chacra relativo à faixa em que dor se localiza.

Por exemplo, na região da coluna cervical está localizado o quinto chacra e, se existe alguma dor nessa região, é associada às emoções do quinto chacra. Se a dor é na lombar, está vinculada ao primeiro e segundo chacras, e assim por diante.

Tome cuidado com as sobrecargas na sua vida, no trabalho, nas emoções e na mente. A coluna foi feita para carregar o seu corpo, não o mundo inteiro. O equilíbrio vem quando você consegue estabelecer os limites necessários para que não haja sobrecargas. Assim, tudo se torna leve, porque você consegue soltar esses pesos que, muitas vezes, carrega desnecessariamente.

CORAÇÃO

O coração é o órgão símbolo do amor e da nossa união com Deus. É a nossa câmara secreta, a "caixa-preta" onde estão as informações de vidas passadas, pois o que trazemos de herança de outras vidas – laços genéticos ou memória cármica – fica arquivado no campo de energia do nosso coração. Quando esse órgão está em desequilíbrio, são reveladas as dores de perda, emoções inferiores, autoritarismo, materialismo excessivo e apego.

Uma boa alternativa para melhorar a situação do seu coração é contemplar a impermanência da vida, praticar o desapego por coisas, pessoas e sentimentos. Deixe ir, pois o apego está muito vinculado ao coração. Aprenda a "alforriar" as pessoas, se desprender dos fatos passados, a liberar tudo e todos, para que se vão, para que fluam. Quase tudo na vida é impermanente e um dia vai acabar, inclusive o seu corpo físico.

Aprenda a se soltar; o seu coração precisa estar leve para viver essa jornada aqui na Terra. Sem leveza, sofremos e adoecemos.

DENTES

Os dentes estão associados às nossas decisões, e os problemas normalmente surgem em pessoas inseguras, confusas, perturbadas e indecisas, que têm dificuldade de tomar decisões rápidas e práticas. Quando há necessidade de pensar muito para tomar qualquer decisão, quando não conseguimos resolver pequenas coisas e vivemos em um clima de indecisão, surgem os problemas dentários, pois essa energia de insegurança altera a química da boca.

Problemas nos dentes também mostram insegurança diante dos superiores, dos repressores da infância. As cáries surgem como resultado da importância da opinião alheia em nossa vida. Se você sente insegurança diante dos seus pais, ou de qualquer outra pessoa que o reprimiu na infância, é normal que tenha cáries e outros problemas nos dentes em decorrência desses medos inconscientes que carrega.

Por isso, comece a treinar suas decisões para que sejam rápidas e firmes, perdoando-se caso cometa erros. Comece por decisões bem simples mesmo. Por exemplo, ao entrar em uma loja para comprar uma blusa, defina um tempo máximo para tomar uma decisão: **"Preciso escolher uma blusa em 20 minutos."** Ao escolher uma roupa para ir trabalhar, defina o tempo: 2 minutos. Para decidir o que comprar no supermercado, determine um tempo mais curto do que costuma gastar nas compras. Assim você vai se treinando, a partir de coisas simples, para tomar decisões mais rápidas.

E, se por acaso você errar, não há problema. Esse nível decisório vai, pouco a pouco, evoluindo para questões mais difíceis e complexas. Quando você começar a treinar, a responder e a decidir rapidamente, perceberá uma incrível melhora nos seus dentes.

Escute as opiniões alheias, avalie, pondere, mas lembre-se de que a vida é sua, você é quem tem que tomar a decisão final. A questão foi confiada a você, e as rédeas estão nas suas mãos. A pessoa indecisa tem a tendência de se deixar influenciar demasiadamente pela opinião dos outros ou de transferir a responsabilidade para que decidam por ela: "Ah, que bom que tem alguém para decidir isso para mim, não estou com vontade de decidir hoje."

Para que você construa a sua segurança e autonomia, é muito importante saber exatamente o que quer. Não sei se é o seu caso, mas existem pessoas viciadas em transferir suas decisões para os outros e, se não der certo, acaba cobrando do outro, pois não foi ela quem decidiu. Ela nem se dá conta de que transferiu seu poder pessoal quando abriu mão do seu poder de decisão.

A partir de agora, você já despertou para um outro nível de consciência, então comece a treinar e aprenda a tomar a suas próprias decisões se quiser manter seus dentes bonitos e saudáveis.

ESTÔMAGO

O estômago é o nosso multiprocessador, pois transforma em uma pasta tudo aquilo que ingerimos, para que depois sejam extraídos os nutrientes que vão nos sustentar e nos dar energia.

A doença surge quando substituímos afeição, amor, separação ou morte por um alimento. Qualquer dor emocional que sentimos e trocamos por comida vai trazer problemas para o nosso estômago. Muitas vezes procuramos preencher um vazio existencial com alimentos, justamente pela nossa incapacidade de gerir assuntos emocionais.

O chacra *Manipura*, que fica na região do estômago, é simbolizado pelo elemento fogo. Por isso, na Medicina Ayurvédica, conhecimento médico tradicional indiano, há o conceito de fogo digestivo. Quanto maior o fogo digestivo, maior é a capacidade de a pessoa lidar com assuntos emocionais e digerir os problemas. Indivíduos com o fogo digestivo mais elevado são chamados de Pittas.

Por outro lado, quando a pessoa não tem essa capacidade de digerir bem suas emoções e transforma seus problemas emocionais em dores, procurando o conforto na comida, o estômago não executa sua função normal. Todo o sistema estomacal fica alterado, as células se desequilibram e há uma transferência das dores, mágoas e raiva para a comida. Nesse caso, os alimentos já entram fazendo mal.

Para evitar esse tipo de doença é preciso cuidar muito bem do estômago, começando pela alimentação saudável. Alimentos industrializados, sal e açúcar refinados e farinha branca fazem muito mal ao estômago, fígado, intestino e a todo o nosso organismo. Esses dados vêm de pesquisas recentes, feitas em grandes universidades, com estudos muito atuais, que dizem que esses ingredientes, assim como *fast foods* e alimentos processados e industrializados são venenos que vão nos matando aos poucos e que nos levam a um estado de letargia – ou seja, perdemos nossa capacidade de reação.

> Quando a base da alimentação são legumes, verduras e frutas, nos tornamos pessoas mais conectadas com a energia da natureza, pois esses alimentos são naturais, feitos sob medida para o nosso corpo, o que nos permite aumentar nosso desempenho em todos os níveis.

Avalie constantemente a sua alimentação. Se você realmente quer ter uma boa saúde, mas não consegue se alimentar da forma correta o tempo todo, mantenha uma alimentação equilibrada de segunda a sexta e, no fim de semana, coma as coisas de que gosta. Assim você vai descobrir o poder que a alimentação tem sobre a nossa saúde. Tudo é uma questão de se educar, de aprender e de se libertar do vício, porque farinha branca, sal e açúcar são substâncias tão viciantes quanto as drogas mais pesadas. Faça uma reforma íntima na sua alimentação e, além do estômago, todo o seu corpo vai se equilibrar.

FÍGADO

O fígado é um órgão vital e funciona como se fosse um laboratório químico, pois processa e produz todas as substâncias que vêm da alimentação. O fígado é um especialista em resolver problemas, pois seu trabalho muitas vezes envolve aceitar um alimento de má qualidade e transformá-lo em algo que possa ser aproveitado, para o bem da nossa saúde.

Por exemplo, ele pega a farinha branca, que praticamente se transforma em uma cola dentro do nosso corpo, e ainda precisa transformá-la em algo aproveitável. A nossa falta de consciência sobre a alimentação nos leva a maltratar demais o fígado, fazendo com que ele precise transformar lixo em nutrientes.

Às vezes, fico imaginando que, se o nosso fígado pudesse falar, ele iria brigar muito conosco, principalmente quando consumimos *fast food* ou algo do tipo!!!

Eu respeito muito o fígado, não só por ele ser um órgão vital, mas por toda a representação energética que possui. Como já mencionei anteriormente, dentro da Medicina Tradicional Chinesa existe uma lenda que diz que seres de luz habitam nesse órgão. Esses seres de luz estão mais presentes ou ausentes de acordo com aquilo que comemos. Se você gosta de consumir bebidas alcoólicas de vez em quando, beba bastante água, antes e depois. Dê uma força para o seu fígado, ajude-o ou você terá muitos problemas.

Em nossa vida, o nosso trabalho é o mesmo que o fígado faz em nosso corpo: transformar o negativo em positivo. Quando não conseguimos transformar as adversidades e os problemas em algo positiva, nosso fígado sofre e fica doente.

Para que isso não aconteça, é preciso aprender a *resiliência* – essa seria a palavra lema do fígado. Ser resiliente é saber transformar as situações negativas em aprendizado, em coisas boas. Resiliência é a capacidade de transformar uma tempestade num dia de sol, de se reerguer depois de uma queda, de pegar problemas, esmiuçá-los, resolvê-los por partes e chegar à solução final.

GARGANTA

A garganta simboliza a fala e é o canal de saída daquilo que pensamos. Primeiro, pensamos, depois verbalizamos com a boca, e o som faz as cordas vocais vibrarem junto com a respiração. É a garganta que conduz a nossa voz para o lado de fora, comunicando nossa expressão e criatividade.

Grande parte do que você expressa passa pela garganta. Quando algo o impede de se expressar, você não consegue falar tudo o que gostaria para as outras pessoas em um determinado ambiente, ou até mesmo dentro da sua família, a sua garganta responde com inflamação.

Se você costuma dizer coisas como "Eu não tenho voz ativa na minha família, ninguém me escuta, eu não consigo expor o que penso", ou se convive com pessoas autoritárias que não deixam você falar, que não permitem a sua expressão, você precisa aprender a dar limites ou então vai ter muitos problemas na região da garganta.

Compartilhe suas opiniões, desejos e também desgostos. Aprenda a se expressar e crie uma atmosfera livre para viver, buscando a sua independência. Normalmente a pessoa muito quietinha ou aquela que é citada nas rodas de amigos como a que "não tem boca pra nada" armazena dentro de si uma série de sentimentos nocivos que certamente trarão a doença.

> **Se você instituir a comunicação direta com amorosidade como uma norma de vida, a sua garganta será saudável.**

Aqui na Luz da Serra nós adotamos um lema: "Comunicação direta com amorosidade." Ou seja, já está combinado entre todos que não temos rodeios para falar o que precisa ser dito com nossos colaboradores, parceiros, sócios e fornecedores. Nós falamos diretamente, não douramos a pílula para dizer alguma coisa para alguém, mas isso não significa que aceitamos grosseria, pois tudo é falado com amor, na tentativa de encontrar soluções de forma clara e objetiva. Você pode comunicar qualquer coisa a qualquer pessoa, desde que seja com amor e respeito.

Quando você consegue mudar a sua vibração e falar com amor aquilo que precisa ser dito, ocorre um processo de libertação emocional e a sua garganta se torna saudável. Você pode dizer o que quiser, para qualquer pessoa, desde que seja de forma educada, respeitosa e com o intuito de ajudá-la. Se você seguir essa regra, conseguirá evitar muitos aborrecimentos na sua vida e conquistará mais saúde.

JOELHOS

Atualmente, os joelhos são campeões de doenças, e as pessoas estão desenvolvendo problemas nessa região cada vez mais cedo. Os joelhos estão associados ao momento presente e às decisões que você toma com relação a sua própria vida. Então, pergunte-se: **Neste momento, o que eu estou fazendo por mim? Como estou me relacionando comigo mesmo?**

Os joelhos são como um eixo de equilíbrio entre o nosso passado e o nosso futuro e representam o agora. Eles adoecem quando existe uma anulação pessoal em prol dos objetivos alheios. É quando deixamos de lado as nossas próprias vontades para nos doarmos excessivamente aos outros.

> **Quem não cuida de si desenvolve problemas nos joelhos.**

O joelho também adoece quando somos teimosos, inflexíveis e orgulhosos, quando não nos dobramos a ninguém, quando somos donos de nós mesmos e excessivamente autodeterminados. Os joelhos somatizam essa carga negativa de inflexibilidade, orgulho e teimosia.

Com o passar do tempo, acabamos nos tornando cada vez mais inflexíveis, porque vamos adquirindo maus hábitos, manias e comportamentos negativos que vêm com a idade e com a rigidez dos pensamentos e sentimentos. Porém, conheço pessoas de 70, 80 anos que praticam yoga há muito tempo e que possuem uma flexibilidade incrível: no corpo, na alma, e também mais aceitação e tolerância. Por isso, para quem tem problemas nos joelhos, indico a prática de yoga, não só pelo equilíbrio que ela traz, mas também pela flexibilidade que proporciona. A yoga ajuda a dissolver toda e qualquer rigidez.

As palavras-chave para quem tem problemas de joelhos são: **paciência, tolerância, humildade, serenidade e ponderação.** Procure ser mais tolerante com as outras pessoas, ponha-se no lugar delas, tenha mais paciência, respire fundo. Isso vai ajudar os seus joelhos, fazendo com que eles funcionem melhor.

MÃOS

As mãos simbolizam a nossa profissão, nossas experiências, as coisas às quais nos dedicamos, o trabalho em geral, os lugares onde colocamos e apoiamos a nossa energia. A mão está associada a entrar em ação e materializar os nossos desejos, pois representam o fazer. Elas falam por meio de seus movimentos e por elas também podemos avaliar o nosso estado emocional.

As mãos são uma extensão de *Vishudda* ou chacra laríngeo. Isso acontece porque, se levantarmos os braços até a linha dos ombros, as mãos ocupam a mesma linha do 5º chacra. Por isso, estão associadas às mesmas emoções vinculadas a ele e revelam se a energia que habita nossos pensamentos e sentimentos está fluindo e sendo materializada. Muitas doenças, como a síndrome do túnel do carpo e a artrite nos dedos das mãos, significam que a energia está presa. Atendi muitos consultantes com problemas de artrite e dores nas articulações, com síndrome do túnel do carpo ou cisto sinovial, vários problemas que acontecem nas mãos e para os quais a Medicina Tradicional (alopática) não trazia resultados.

Nesses casos, eu costumava recomendar a prática de atividades manuais que proporcionassem prazer, como artesanato e alguma forma de canalização de energia por meio das mãos, como o Reiki, por exemplo. Inclusive eu recomendava que, se não houvesse uma pessoa para receber Reiki, que o enviasse para as plantas, para o planeta Terra. O Reiki é só um exemplo, pois existem outras técnicas, como o passe magnético, a cura prânica ou algo que faça sua energia circular, fluir através dos chacras das mãos, pois a nossa energia precisa ser liberada, e não represada. Quando a nossa energia fica presa nas articulações, acontecem as inflamações e os problemas nas mãos.

MÃOS - DEDOS

Cada um dos dedos das nossas mãos tem uma simbologia diferente e vamos aprender sobre cada uma delas.

1. **Indicador.** Os problemas nos indicadores surgem quando acusamos alguém que nos fez mal ou nos magoou. Muitas vezes pensamos que foi a outra pessoa que nos magoou, mas isso não é possível. Ninguém é capaz de nos magoar, apenas de revelar uma semente de mágoa pré-existente em nosso interior. A outra pessoa é o que é, tem

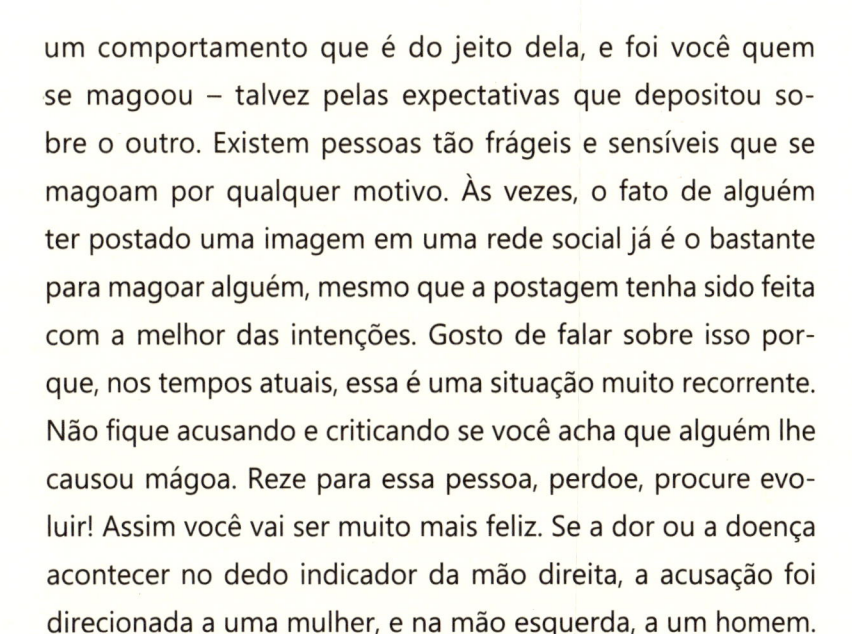

um comportamento que é do jeito dela, e foi você quem se magoou – talvez pelas expectativas que depositou sobre o outro. Existem pessoas tão frágeis e sensíveis que se magoam por qualquer motivo. Às vezes, o fato de alguém ter postado uma imagem em uma rede social já é o bastante para magoar alguém, mesmo que a postagem tenha sido feita com a melhor das intenções. Gosto de falar sobre isso porque, nos tempos atuais, essa é uma situação muito recorrente. Não fique acusando e criticando se você acha que alguém lhe causou mágoa. Reze para essa pessoa, perdoe, procure evoluir! Assim você vai ser muito mais feliz. Se a dor ou a doença acontecer no dedo indicador da mão direita, a acusação foi direcionada a uma mulher, e na mão esquerda, a um homem.

2. Dedo médio. Se um problema se manifesta no dedo médio, representa uma insatisfação, repúdio, raiva ou mágoa, relacionada à sexualidade, tanto com relação ao parceiro, quanto a você mesmo, pois o dedo médio está vinculado ao prazer e à sexualidade. Se a sua vida sexual não é satisfatória, principalmente com relação ao parceiro, você vai ter problemas no dedo médio. Muitas vezes pode acontecer um acidente e você quebrar o dedo sem querer, mas quando falamos do código da nossa alma, não existe "sem querer", tudo reside no nosso inconsciente.

3. Dedo Anular. As dores no dedo anular acontecem quando há preocupação com o futuro de uma relação, seja de amizade, de casal ou de qualquer outro tipo. Se você percebe que não há boas perspectivas nesse relacionamento ou se preocupa com o futuro dele, podem surgir problemas no dedo anular, que representa a aliança e o compromisso.

4. Dedo Mínimo. O dedo mínimo representa a família e se fere com qualquer problema que envolva familiares. Todas as preocupações, conflitos e mágoas que envolvem a família trazem problemas no dedo mínimo.

5. Polegar. O polegar é afetado quando os estudos e o intelecto estão gerando confusão mental. Existe uma melhora quando conseguimos organizar os pensamentos e eliminar a teimosia. A dica aqui é relaxamento e organização. Quando a pessoa é muito teimosa, não consegue se organizar intelectualmente, a cabeça fica confusa e existe um congestionamento mental, então surgem os problemas no polegar.

MEDULA

A medula é parte vital do nosso corpo e está associada ao nosso sistema nervoso central, que, junto com o cérebro, é responsável por todas as nossas funções autônomas, movimentos e conexões musculares. Tudo aquilo que é automático, reflexo das nossas ações, dos nossos movimentos, é coordenado pela medula. Ao longo da nossa medula, estão localizados cinco dos sete chacras principais. É por meio desse canal, que passa por dentro da coluna, que conseguimos nos movimentar, dar uma instrução para o cérebro, por exemplo, para que o nosso pé se mexa.

Quando existe algum problema na medula, significa que estamos desvinculados de Deus, sem fé na vida, ou desanimados, sem vontade de viver. Também indica depressão, como se houvesse autoabandono, desistência de si mesmo, falta de propósito, comunicação desintegrada, quando não existe um propósito de vida e cada parte do corpo segue por um caminho diferente.

Quando temos um propósito de vida bem definido, se sabemos a razão pela qual estamos aqui, todas as células se alinham em vibração e seguem o mesmo caminho, vibram por esse propósito, na direção das nossas metas e objetivos. Quando desconhecemos a nossa missão de vida e vivemos por viver, é como se faltasse comando e liderança para as células, como se elas ficassem perdidas, e a comunicação entre as partes do corpo começa a se desintegrar, pois não existe unidade. É como se existissem várias pessoas diferentes e desunidas dentro de um mesmo ser, todas brigando e sem saber para onde ir.

Quando não há liderança sobre si mesmo, surgem os problemas de medula. **Mas o que é essa liderança sobre si mesmo?**

Cada um dos nossos órgãos – o coração, o fígado, o estômago, etc. – é um universo. Os comandos principais para que eles funcionem, vibrem, vêm da nossa mente. Agora, se ela está alinhada com o propósito divino, nossos órgãos vão funcionar bem, porque eles terão certeza de por que estão vivendo, por que o coração está batendo, por que o fígado está funcionando. Eles receberão do cérebro uma mensagem, vinda do amor, da alegria, do fato de a pessoa estar feliz, vivendo seu propósito e cumprindo a missão da sua alma, pois esses são os combustíveis perfeitos para a manutenção da nossa saúde.

Quando ocorre uma desintegração na comunicação entre os órgãos e as células, a medula adoece. Uma boa maneira de reverter os problemas de medula é encontrar o seu propósito de vida e viver por ele, desde que seja um propósito real. De nada adianta anunciar seu propósito da boca para fora e não viver de acordo com ele. O propósito precisa ser seguido, por isso é preciso fazer alguma coisa todos os dias, mesmo que sejam pequenos passos, mesmo que sejam poucas coisas, mas que o leve na direção do seu propósito. **Assim, um belo dia você chegará lá.**

Um bom conselho para a saúde de sua medula seria buscar um entendimento da sua natureza essencial e ter fé na vida para seguir em frente, afinal a medula está associada à coordenação dos nossos movimentos, e uma pessoa parada não vive de acordo com os ritmos universais, porque o ritmo do universo é uma constante movimentação e expansão. O ritmo do universo é a energia, e ela nunca para. A vida está sempre se movendo, se renovando, se multiplicando na natureza.

Uma pessoa parada, estagnada, não vive em sintonia com a energia universal. Quando vivemos fora do ritmo da natureza, o nosso corpo começa a se degradar. É como se, dentro da natureza, estivessem presentes as sete frequências dos chacras, e nós estivéssemos fora desse ritmo, não conectados com a energia das sete ondas vibracionais, momento em que o nosso corpo começa a adoecer.

Por isso, cuide da sua energia, defina um propósito e o siga. Tenha fé na vida, na alegria de viver, viva todos os dias com gratidão, honrando a Deus, agradecendo ao universo pela oportunidade de estar aqui na Terra, fazendo o seu melhor. Já acompanhei casos de pessoas que, com reforma íntima, conseguiram reverter câncer de medula. Muitas vezes as pessoas acreditam que a cura de um câncer reside na remoção do tumor. No entanto, quando isso é feito sem a reforma íntima, a tendência é que o câncer volte, pois a causa raiz – pensamento ou sentimento inferior que causou a doença – não foi removida. O ideal é que os tratamentos médicos aconteçam em paralelo à reforma íntima, para que a cura se estabeleça de forma integral.

MÚSCULOS

Nossos músculos proporcionam proteção e força para sustentar a nossa estrutura interna. É muito importante ter uma musculatura firme e forte para suportar o nosso corpo e proteger nossa estrutura. Muitas pessoas acreditam que é bobagem ter uma musculatura forte, que isso é coisa de fisiculturista, de atletas ou pessoas vaidosas, que é algo supérfluo. Mas eu lhe garanto que não. **Quanto mais forte for a sua musculatura, mais protegido você vai se sentir e mais forte será para todas as questões da vida.**

A nossa musculatura não foi feita para ficar flácida e caída. Exercícios simples e naturais, como caminhada, corrida e natação – afinal de contas caminhamos, corremos e nadamos desde a pré-história – são capazes de fortalecer muito a nossa musculatura. Atualmente, diversas pessoas praticam pilates e yoga, que também são excelentes para os músculos. Desde a Antiguidade, as civilizações investiam muito na musculatura: no Oriente, encontramos a riqueza das artes marciais, os gregos praticavam a ginástica, porque acreditavam que uma pessoa com musculatura forte podia tomar decisões mais assertivas e ponderadas.

A prática de exercício físico não deve ser encarada apenas como vaidade, mas como uma questão de ser firme diante dos fatos da vida, pois quando estamos com a musculatura mais firme, nos sentimos mais seguros e confiantes para fazer tudo o que precisa ser feito. Quando vemos uma pessoa musculosa, ela passa uma ideia de poder e de força; e quando vemos uma pessoa com a musculatura franzina, temos a ideia de fragilidade, pois, quando os músculos estão firmes, até a postura muda, nos tornamos mais altivos, transmitimos uma imagem de poder. E quando a musculatura está fraca, os ombros caem, e nos tornamos mais frágeis e suscetíveis.

Os músculos fracos estão associados a pensamentos fracos e sem expressão, significam lentidão e acomodação mental, porque normalmente a pessoa acomodada é aquela que não faz nenhum tipo de exercício. Se esse é o seu caso, fique tranquilo. Deve existir algum tipo de atividade que lhe dê prazer. Descubra qual é, encontre um exercício de que você goste, que lhe dê motivação e invista nisso.

Não estou aqui dizendo para você se tornar um fisiculturista. Mas, para caminhar sobre a Terra de forma altiva, sentindo-se feliz e seguro para tomar decisões e cumprir sua missão, você precisa ter a musculatura firme.

Por outro lado, há pessoas que têm os músculos muito rígidos. Isso revela um comportamento de tensão, medo de se soltar, e também excesso de controle. Portanto, quem exagera e vai para o outro lado, ficando com a musculatura muito endurecida, se torna uma pessoa tensa, controladora, que quer tudo para si e não gosta de dividir nada com ninguém.

É preciso prestar atenção, pois para tudo na vida existe um ponto de equilíbrio. Algumas pessoas começam a gostar de exercício físico e isso acaba se tornando um vício. De nada adianta você passar muitas horas diárias na academia, somente para ter uma musculatura superfirme, se isso não estiver alinhado com seu propósito e missão de vida. Escolha uma maneira saudável de se movimentar, manter as células ativas e seu corpo funcionando. **Com essa mensagem, o corpo vai entender que ele precisa funcionar, e vai fazer de tudo para manter o seu bem-estar.**

> Você vai aumentar sua performance, vai conseguir produzir mais, ser mais eficiente e alcançar resultados incríveis. Escolha uma atividade de que você goste e vá em frente. Sua saúde vai melhorar muito!

NARIZ

O nariz é extremamente importante, por ser o condutor da nossa respiração. Ele é o responsável pela entrada do ar que supre o nosso corpo de oxigênio. É essencial para a produção de energia e, quando cheias de ar, nossas narinas reduzem o peso da cabeça e dão ressonância à voz. A doença surge nessa região quando relutamos em enfrentar as questões emocionais ou quando há irritação com a vida.

A maioria das pessoas que sofrem de rinite estão irritadas com os ambientes onde circulam e com os lugares onde vivem, e começam a espirrar para expulsar essa irritação de dentro delas. A pessoa não quer mais viver naquele ambiente, não quer mais trabalhar naquela profissão, não gosta mais da sua casa, etc. Quando surgem as doenças respiratórias, normalmente é porque não suportamos mais o ambiente onde vivemos ou temos muitos problemas emocionais para resolver.

Para sair desta situação, o ideal é organizar um planejamento com cronograma para mudar o rumo da sua vida e encontrar a missão da sua alma. Procure um terapeuta ou um *coach* capaz de ajudá-lo a cumprir essas metas.

OLHOS

Os olhos são as janelas da nossa alma, pois permitem a percepção do ambiente. Os pesquisadores de Programação Neurolinguística (PNL) costumam dizer que os olhos são a parte do nosso cérebro que ficou exposta. É através deles que captamos a maioria das informações que abastecem a nossa mente e que o cérebro codifica, filtra e guarda como informação. Os nossos olhos têm condições de captar milhões de cores, armazenar essas informações e também de se comunicar com o cérebro de uma forma muito veloz.

Na maioria das vezes, a doença surge nessa região quando queremos "tapar o sol com a peneira" ou quando não queremos enxergar o que está acontecendo ao nosso redor. **Então, esteja disposto a enxergar, queira desenvolver uma visão além do alcance.** Existem pessoas, por exemplo, que têm mediunidade e simplesmente ignoram esse fato, pois têm medo de expandir sua visão para além do mundo material. É muito provável que essas pessoas venham a desenvolver problemas na região dos olhos por estarem negando uma faculdade que é inerente à sua alma.

É muito importante que você esteja disposto a ver aquilo que precisa ser visto, a enxergar a verdade, mesmo que ela não seja tão agradável. Um bom conselho para ter olhos saudáveis é eliminar a miopia consciencial da sua vida e ter o desejo de enxergar as coisas como elas realmente são, mesmo que não sejam tão boas.

ORELHAS E OUVIDOS

Nossas orelhas e ouvidos são os canais do equilíbrio no nosso corpo. Além de escutar, a principal função do ouvido é nos ajudar a manter o equilíbrio para que possamos ficar de pé e caminhar. Um dos problemas mais recorrentes no ouvido são as crises de labirintite, durante as quais a pessoa não consegue se manter em equilíbrio. As nossas orelhas são muito importantes porque nelas estão presentes uma incrível quantidade de pontos energéticos do nosso corpo; é como se nas orelhas encontrássemos um resumo da energia de todo o corpo.

A doença surge no nosso ouvido quando não suportamos mais ouvir alguma coisa, quando nos fazemos de surdos. "Ah, é melhor eu me fazer de surdo do que escutar essas barbaridades", ou "É melhor eu me fazer de surdo do que ouvir a verdade". Quando "tapamos o sol com a peneira", e não queremos escutar, principalmente a nossa voz interior ou o chamado da missão da nossa alma, teremos alguma enfermidade nos ouvidos.

Quando a nossa vida está desequilibrada de uma forma geral, quando não conseguimos equilibrar a vida pessoal, profissional, financeira, amorosa e familiar também podemos desenvolver doenças nos ouvidos, principalmente a labirintite.

Aqui é importante fazer uma observação sobre outra questão. Não me considero uma pessoa "careta", tradicional ou conservadora, mas, por conta dos mais de 15 anos de estudo da energia, quando as pessoas perguntam a minha opinião sobre *piercings*, alargadores e pinos nas orelhas, eu sempre respondo que é necessário ter extremo cuidado, pois, no momento da colocação, algum ponto energético importante pode ser perfurado, provocando problemas sérios.

Já atendi pessoas que, depois de terem esses pontos perfurados, desenvolveram problemas graves de pele, fígado e outros distúrbios. Isso acontece porque o corpo não reconhece esses objetos, se desequilibra e tenta se defender. **Muitas vezes, ele usará a doença para nos enviar uma mensagem de que há algo errado, literalmente um corpo estranho em contato conosco.**

Antes de implantar esses objetos nas orelhas, procure um bom profissional de Radiestesia, Auriculoterapia ou de Medicina Tradicional Chinesa para lhe dar orientações sobre os melhores locais para as perfurações.

O nosso corpo físico é um mapa e tem um caminho a ser percorrido aqui na Terra. A todo instante, ele nos revela informações importantes sobre a nossa jornada rumo ao cumprimento do nosso carma. Imagine que você precisa percorrer um caminho com um mapa todo borrado e riscado: simplesmente não há como chegar ao seu destino! É muito importante ter cuidado e consultar um profissional que trate da sua energia quando você fizer uma tatuagem, colocar um *piercing*, uma prótese, *mega hair* ou qualquer coisa que seja estranha ao seu corpo.

Não se trata aqui de conservadorismo ou caretice, mas apenas de um conselho bem-intencionado de quem já viu e ouviu centenas de histórias sobre esse assunto. Tenha cuidado com os seus pontos de energia, porque assim como você pode colocar um *piercing* ou fazer uma tatuagem que vá ajudá-lo, você pode fazer algo capaz de atrapalhar e trazer doença. **Cuide dos pontos de energia da orelha e dos locais onde pretende fazer tatuagem.** Muitas vezes até a energia que entra pelo chacra acaba se perdendo ao encontrar uma barreira para circular.

Vamos supor que uma pessoa tatue um monstro sobre a região do chacra umbilical, associado aos relacionamentos. Todo desenho possui uma forma, que produz uma onda energética que vibra de acordo com o tema. Se você decide ter um desenho de um monstro habitando a região do chacra umbilical, também decidiu prejudicar todos os seus relacionamentos e a sua autoestima. Isso acontece porque a energia se confunde, e todas as emoções e pensamentos associados a esse chacra também se confundem e não conseguem circular perfeitamente.

ÓRGÃOS GENITAIS

Vagina. A vagina está associada à confiança que nós mulheres temos em nosso parceiro ou parceira. Quando há desconfiança na relação amorosa, a mulher pode vir a desenvolver inflamações e outras doenças nessa região. Os problemas também ocorrem quando a mulher tem um relacionamento extraconjugal e não consegue se decidir quanto a isso. A dúvida entre os parceiros cria um conflito inconsciente, e é nesse momento que a doença pode se instalar.

Quando uma mulher desenvolve um ciúme doentio, obsessivo ou acredita que está sendo traída ou trocada por outra pessoa, também podem aparecer problemas de saúde na área genital feminina. Muitas vezes não está acontecendo nada, mas nas novelas, filmes e na mídia em geral, as histórias de amor sempre têm algum elemento de traição e isso pode levar à uma neurose. Se é o seu caso, recomendo que você busque de um relacionamento saudável, equilibrado e baseado no amor. Não se precipite e verifique todos os fatos antes de surtar ou ter um ataque de ciúme, pois depois você pode se arrepender, vendo que fez uma grande besteira. Pense melhor, pondere e pese tudo até ter certeza sobre o que realmente aconteceu.

Útero e Ovários. O útero e os ovários estão associados à criatividade e aos relacionamentos, pois é nesses órgãos que a vida é criada e processada. É no útero que estabelecemos o primeiro relacionamento da nossa vida: com a nossa mãe. Esses órgãos são o símbolo máximo da feminilidade, o receptáculo da vida, como se fosse o Santo Graal, onde a criança se desenvolve. Quando uma mulher perde a sua liberdade e é impedida de fazer o que gosta, o seu útero e seus ovários começam a apresentar problemas. **Quando há um corte nas ações femininas, quando a mulher é bloqueada, castrada do seu direito de ir e vir, proibida de fazer o que ama, pode ter problemas no útero, como miomas, câncer e outras doenças.**

Essa castração, que é muito comum até os dias de hoje, não permite que as mulheres vivam suas vidas com plenitude e independência. Muitas vezes essa castração parte da própria mente feminina, que está presa a crenças ancestrais da nossa sociedade patriarcal. Nos séculos passados, a mulher basicamente existia para se dedicar ao marido, para cuidar das crianças e dos afazeres domésticos. Isso está muito arraigado em nossa ancestralidade, no nosso DNA, e muitas de nós, ainda hoje, mesmo que inconscientemente, acreditamos que existimos apenas para cuidar da casa e ser subservientes aos desejos masculinos.

Hoje vivemos em uma época mais aberta, na qual os homens, de modo geral, estão mais participativos nas atividades que antigamente eram tidas como "femininas". Talvez a mulher tenha mais aptidão natural para cuidar de uma criança, pela questão da maternidade e da sensibilidade, mas com os fóruns, debates e discussões que temos atualmente nas redes sociais e na mídia, já podemos nos libertar dessa crença ancestral que nos traz autossabotagens e boicotes inconscientes, que acabam atrapalhando a nossa autoestima e a nossa vida.

Se você enfrenta doenças no útero ou nos ovários, recomendo que se torne independente e responsável por si mesma. Assuma a sua essência, seus erros e acertos. Cresça, viva a sua verdade e conquiste uma vida plena e feliz. **Você pode assumir as rédeas da sua vida!**

Faça isso pelo seu útero, pelos seus ovários, afinal a mulher faz parte desse mistério da vida, da dádiva que é a maternidade, e não precisa se sentir menosprezada nem menor do que ninguém. Muito menos aceitar ou "entender" comportamentos agressivos masculinos, porque isso não é aceitável nem compreensível!

O ciclo de violência contra a mulher na maioria dos casos é hereditário: as mulheres que toleram a violência, assistiam suas mães tolerando também, e esse ciclo precisa ser rompido e tratado, pois, se uma criança assiste a cenas de violência em casa, pode achar que isso é normal, perpetuando esse ciclo. Cada mulher que não se cala e se torna responsável pela sua vida, assumindo o controle da sua existência, ajuda a romper o ciclo de violência e também a transformar o mundo num lugar melhor. Assuma a responsabilidade pela sua vida e seu sistema reprodutor será muito saudável!

Pênis, Testículos e Próstata. Esses três órgãos representam a masculinidade. Quando o homem se sente inseguro no seu relacionamento, quando o cônjuge é extremamente independente, e não precisa dele para nada, o inconsciente avisa que sua virilidade está em risco. Assim como as mulheres têm o lado materno impresso na ancestralidade e no DNA, é uma tendência natural que os homens tenham em si essa característica de proteção, de provedor, de ir caçar e buscar sustento para a família. Quando ele é casado com alguém muito independente, que resolve todas as questões, faz tudo, acaba sentindo que não serve para nada e que sua virilidade está ameaçada.

É importante ressaltar que todo esse jogo é obra do inconsciente. Talvez, se perguntarmos para ele, a resposta consciente seja: "Não, eu não sinto isso de maneira nenhuma". Mas o inconsciente sente. E então a doença vem.

Os problemas na região do pênis, dos testículos e da próstata indicam uma revolta contra as figuras femininas em geral ou contra uma mulher específica. Quando o homem se sente revoltado com sua mãe ou com alguma figura materna, com a chefe, a esposa, a filha ou com qualquer mulher, a doença se instala.

O homem precisa, mesmo de forma inconsciente, de alguém que seja parceiro, que o ampare, independentemente de esse parceiro ser homem ou mulher. Os homens precisam de alguém que lhes dê carinho. Também precisam de elogios e compreensão, se não, com o passar dos anos, o corpo entende que a potência sexual dele não é mais necessária. O inconsciente masculino entende isso porque está registrado em seu DNA, desde os tempos das cavernas, que o homem é o fortão, é quem sustenta a família. Ao passo que a mulher é vista como o ser angelical, maternal, que cuida das crianças, da casa e que mantém a família em harmonia.

Não se precipite em julgar essas informações, pois tudo o que está sendo compartilhado neste livro é fruto de muitos anos de estudo. O objetivo aqui não é julgar, mas informar como as emoções inconscientes, se mal resolvidas, podem se refletir em nosso corpo físico, sem determinismos.

Uma boa dica para prevenir que os órgãos sexuais adoeçam é perdoar a si mesmo pelos erros do passado e conscientizar-se de toda a sua força masculina, que não depende de quem está do seu lado, mas única e exclusivamente de você.

Viva sua vida sem ressentimentos e aceite as mudanças com gratidão, harmonizando-se com o mundo feminino. Procure identificar as figuras femininas que foram e são importantes na sua vida, qual é o papel delas, o que elas lhe fizeram de bom ou ruim, quais são as mágoas e ressentimentos que você tem. Se preciso for, procure um bom terapeuta para tratar essas mágoas e ressentimentos. Invista na sua saúde!

OMBROS

Os ombros estão associados às tarefas e ao serviço na nossa vida, ao trabalho propriamente dito, porque estão vinculados aos braços, às mãos e à questão de articular-se no trabalho, fazer o que precisa ser feito, movimentar-se para colocar as coisas em prática, realizar o trabalho na sua vida, literalmente "pôr a mão na massa". Quando carregamos uma carga muito excessiva de responsabilidade, os nossos ombros sofrem com esse peso.

A doença surge quando carregamos o mundo nas costas, quando há sobrecarga, levando um peso maior do que podemos suportar.

Uma das melhores soluções para diminuir essa sobrecarga é aprender a receber ajuda, delegar tarefas, distribuir funções e abandonar a centralização e o controle, porque normalmente as pessoas que têm uma grande carga de responsabilidade são também controladoras, por uma questão de apego às suas tarefas, por pensar que ninguém vai fazer um trabalho bem feito, que ninguém vai executar a tarefa do jeito que ela quer.

Mas será mesmo que o trabalho precisa ser feito exatamente do jeito que queremos? Quando delegamos, podemos nos surpreender positivamente. Alguém pode fazer ainda melhor do que nós faríamos. Quando aprendemos a soltar, a delegar tarefas, paramos de centralizar, e os nossos ombros ficam mais leves e, em consequência disso, se curam.

Se você tem algum problema de bursite ou dor na articulação do ombro, experimente delegar e dividir as responsabilidades da sua vida com outras pessoas. Você vai se surpreender com os resultados.

PÂNCREAS

O pâncreas tem a função de produzir as enzimas que ajudam a digerir os alimentos. Produz a insulina e o glicogênio que regulam o nível de glicose no sangue. A doença no pâncreas surge quando a pessoa se encontra em desequilíbrio entre a gentileza e a cordialidade, simpatia em relação a si próprio e aos outros.

A doença mais recorrente que está associada ao pâncreas é a diabetes. Já atendi muitas pessoas diabéticas em consultório e costumava observar que elas normalmente tinham um passado complicado, com muitas histórias tristes, que realmente me chocavam. Diversas vezes tive vontade de chorar com elas, que já haviam passado por situações muito difíceis: abuso, estupro, tragédias, abandono dos pais. Uma vez, atendi uma pessoa que tinha sido abandonada, morou em orfanato e depois foi adotada por um casal de loucos.

Uma infância terrível, adolescência pior e a fase adulta quase insuportável – o diabético tem todos os elementos para se sentir vítima da vida e do mundo, como se a Terra fosse um lugar inóspito, onde é impossível sobreviver sem sofrer, e o que resta é se lamentar por estar aqui, porque a vida é muito triste, uma desgraça sem fim. Normalmente é assim que essas informações se processam para o diabético, mesmo de forma inconsciente.

De acordo com minha experiência, uma boa dica a para o diabético ou para quem tem problemas de pâncreas é **procurar se fortalecer para encontrar caminhos e sair desse mar de lamentações, procurando um tipo de terapia que ajude a zerar o cronômetro do passado**. Procure tratar seu passado como um acervo de aprendizados, liberte-se do sofrimento que ele traz e siga em frente a partir de agora. No consultório, eu sugeria o seguinte: "Vamos fazer de conta que você nasceu agora e não tem passado. Você chegou na Terra agora, não sabe de onde veio e tem todas as chances e possibilidades ao seu alcance".

Eu indicava a prática deste exercício todas as manhãs: "**Acabou, não tenho passado, só o momento presente e o futuro. O passado não existe**". É um treino, um exercício interno que a pessoa faz para aprender a se desvincular do passado, se não ela fica mergulhada naquela dor e acaba morrendo mesmo, de tristeza, de angústia, de sofrimento, porque fica revivendo os momentos tristes nos quais alguém a traiu, enganou e outros fatos terríveis, como a morte dos pais e irmãos, a sensação de estar sozinha no mundo, etc. Não é necessário reviver isso o tempo todo.

Quem convive diariamente com pessoas diabéticas ou doentes do pâncreas precisa ter cuidado para não esmorecer, para não cair ou sofrer demais junto com elas. E aconselho fortemente o tratamento terapêutico para que o doente encontre força e coragem para enfrentar e resolver seus desafios.

PEITO

Dentro da caixa torácica ficam os nossos pulmões, que são associados ao sopro da vida e ao coração que é o centro do amor e da harmonia. A doença se manifesta nessa região quando há dificuldade de se aceitar e de dar e receber amor. O nosso peito expande o sentimento de amor e o leva ao mundo, é no peito que flui o chacra cardíaco, tanto para a frente, quando para trás.

O peito está ligado à vitalidade e à energia da respiração, portanto sempre que faltar amor de uma forma geral – por si mesmo, pelas pessoas, pela vida –, quando a pessoa se torna muito endurecida e apegada, surgirão doenças na região peitoral, incluindo câncer de mama e outras patologias.

PELE

A pele é o maior órgão do nosso corpo, pois reveste toda a nossa área externa e protege o nosso patrimônio interno. A pele estabelece o limite entre o ambiente interno e o externo e é nela que sentimos as interferências quando elas acontecem – o calor de um abraço, o carinho de um toque e, muitas vezes, a agressividade também. A pele capta as informações do ambiente e transfere para as nossas células. É um órgão extremamente importante, que representa a proteção da nossa individualidade, a proteção daquilo que somos, da nossa individualidade, e através do qual nos mostramos para o mundo.

> **Os problemas surgem quando sentimos que o nosso espaço individual foi invadido, ou seja, aquilo que é só meu, que guardo para mim, não me pertence mais porque alguém o roubou.**

Manchas normalmente surgem quando temos uma vaidade exagerada, ou quando guardamos algo que não pode ser revelado. Esses segredos muito profundos são energias represadas que precisam se manifestar, se movimentar e aparecer de alguma forma. Por isso, muitas vezes aparecem na forma de manchas na pele, cravos, espinhas e acne.

Quando existe excesso de vaidade a ponto de a pessoa passar muito tempo admirando-se no espelho, ou um certo grau de neurose que a faz estar sempre se cuidando, retocando a maquiagem, se produzindo demais, sempre preocupada com a aparência, normalmente aparecem manchas fortes na pele.

Já acompanhei casos de pessoas que, depois de anos sendo excessivamente vaidosas, apresentaram doenças terríveis na pele, justamente com o objetivo de a pessoa **tirar o foco do lado estético e aprender a fazer outras coisas além de cuidar de si mesmo, a ser mais altruísta e se dedicar a outros aspectos.** Tudo é equilíbrio, então busque equilibrar o excesso de vaidade, e sua pele vai rejuvenescer e melhorar muito.

Eu mesma já tive problemas de pele no passado, que estavam vinculados a excesso de vaidade e questões guardadas desde a infância. **Assim que comecei a desvendar e tratar essas questões com terapias naturais, os problemas desapareceram e não voltaram mais.**

PERNAS

As pernas simbolizam o nosso caminhar sobre a Terra e estão vinculadas ao primeiro chacra. Os joelhos são responsáveis pelas decisões e as pernas nos levam adiante. Quando enfrentamos conflitos gerados por somatizações emocionais, as pernas travam e adoecem, normalmente pela nossa rebeldia ou recusa em seguir um novo caminho.

A perna rege o futuro e os próximos passos porque se movem em direção aos nossos objetivos e vão em busca dos nossos sonhos. Quando ficamos presos ao passado, a nossa vida fica estagnada e as nossas pernas sofrem. Energia é movimento e precisamos de novidades constantemente em nossa vida. Quando faltam novidades e você decide viver em uma rotina rígida, fazendo sempre as mesmas coisas do mesmo jeito, a consequência são problemas de circulação nas pernas, podendo surgir varizes, trombose e outras doenças.

A vida é uma constante transformação e podemos verificar isso pela velocidade da nossa renovação celular. Nós perdemos e reconstruímos milhões de células todos os dias. Células morrem e nascem, assim como morrem e nascem pessoas. A vida está sempre se renovando, se transformando e, se você ficar parado, sem se movimentar, no mesmo lugar por anos, vai sofrer com problemas de circulação.

➡️ **Se as suas células se renovam, renove também o seu jeito de pensar, suas atitudes e emoções. Procure novidades, aceite-as, renove-se a cada dia. Faça coisas diferentes, seja mais flexível e aceite o novo em sua vida, assim a sua energia circula e suas pernas se tornam saudáveis.**

PÉS

Problemas nos pés indicam que a pessoa tem dúvida se deve ou não seguir determinado caminho. Os pés demonstram o quanto compreendemos de nós mesmos e das pessoas a nossa volta. Pessoas impulsivas tendem a ter problemas nos pés, pois agem antes de pensar, sem a cautela de analisar e reconhecer o território, saber onde estão pisando e ir devagar.

Nos pés estão presentes os pontos energéticos de reflexologia. Jean Yves Leloup, um autor francês que admiro muito e que trabalha com simbologia do corpo, diz em seu livro *O corpo e seus símbolos*, que "os pés são o cérebro da base". Nós temos um cérebro em cima, que fica na cabeça, temos um cérebro emocional, que fica na região do estômago, e temos um cérebro nos pés, onde fica a nossa consciência da Terra, da nossa missão, da nossa consciência matricial. Leloup sempre fala que os pés pensam e que deveríamos dar mais carinho e atenção para eles.

Os pés representam nossa ligação com a Terra, com a realidade material e com o prazer de estarmos encarnados. O odor, a aparência e a relação com os nossos pés definem o nosso equilíbrio entre o prazer e a vida material. Quem cuida bem dos seus pés e das unhas, normalmente é uma pessoa que tem prazer em viver e uma vida material equilibrada. Então comece a cuidar e prestar mais atenção nos seus pés. Os pés também trazem a simbologia do erotismo e do fetichismo. Portanto, problemas nos pés como dores e unhas encravadas, falam de uma condição sexual precária. Quando a vida sexual é boa, normalmente os pés estão bem. Quando a vida sexual é precária ou inativa, os pés sofrem bastante.

PÉS – DEDOS

Os dedos dos pés indicam nossas preocupações com o futuro. Muitas vezes, nossos pensamentos confusos em relação ao futuro provocam acidentes desagradáveis com os dedos dos pés, como, por exemplo, quando você bate o dedinho em um móvel e fica chorando de dor. É realmente muito dolorido e são as preocupações com o futuro que causam esses pequenos acidentes.

Quando algo assim acontecer, **pare e reflita sobre as suas reclamações e conflitos, para que a carga negativa sobre seus pés diminua.** Acalme-se e habitue-se a dizer palavras bondosas e compreensivas, positivas e alegres, e você sentirá gradativamente uma sensação confortável em seu espírito, mudando para melhor.

PESCOÇO

O pescoço é a ponte entre o nosso eu físico e o eu espiritual. É uma parte muito sensível do nosso corpo, pois é onde começa a medula, que, conectada ao cérebro, forma o sistema nervoso central, que estabelece a comunicação de todos os sistemas do nosso corpo. A doença surge no pescoço quando há o medo de verbalizar opiniões ou quando há pensamentos muito rígidos, pressa ou lentidão (desequilíbrio) com as coisas corriqueiras da vida.

O pescoço é um importante ponto de equilíbrio em nosso corpo, onde está localizada a glândula tireoide. Quando a pessoa se desequilibra a ponto de ser muito apressada ou ansiosa, ou, ao contrário, muito lenta, isso pode levar ao hiper ou hipotireoidismo, respectivamente.

A grande maioria das doenças parte das decisões que tomamos de acordo com o nosso estilo de vida e, quando houver desequilíbrio, a doença vai surgir impreterivelmente.

PULMÕES

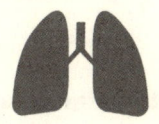

Os pulmões são a representação do elemento ar e abastecem a nossa respiração com o oxigênio, que é o fluido da vida. Podemos ficar vários dias sem alimentação, sem beber água ou sem dormir que continuamos vivos, mas, se ficarmos três ou quatro minutos sem respirar, morreremos.

O oxigênio é o nosso principal combustível, e nossos pulmões estão diretamente associados à liberdade, a respirar livremente a vida e também ao instinto de sobrevivência. Os problemas nos pulmões revelam bloqueios no fluxo da vida, cansaço em vivê-la, estafa em seu modo de viver. É como se a pessoa lutasse muito e não conseguisse atingir seus objetivos, com isso surgem as doenças pulmonares.

Os problemas nessa região também costumam se manifestar quando estamos cansados de sustentar o peso da amargura, quando nos sentimos exaustos com a vida. A ansiedade e a respiração ofegante estão vinculadas ao sentimento de sufocamento quando vivemos em um ambiente rodeado de pessoas que nos pressionam, que nos fazem sentir presos, que nos controlam, afetando a nossa privacidade. As pessoas que não lidam bem com pressão também sofrem com os problemas pulmonares.

Os pulmões também representam a ligação da nossa vida com a vida dos demais seres e o mundo exterior. Quando vivemos em ostracismo, sem uma boa relação com o mundo externo, os problemas nessa região também surgem. Nossos pulmões também representam o voo e, espiritualmente, são a matriz essencial das nossas asas angelicais.

"Como assim, a matriz das nossas asas angelicais?", **você pode estar perguntando.**

Vou explicar! Quando um mestre ascensionado é dispensado de viver aqui na Terra por ter atingido certo patamar de iluminação, é como se os pulmões também evoluíssem e, em determinado grau iniciático, se transformassem em asas etéricas, que dão ao ser a liberdade de voar para outros planos. Ou seja, os pulmões físicos também ascensionam e se transformam em asas. Existe toda essa simbologia de que os pulmões são as nossas asas que ficaram guardadas, e por isso muitas vezes os anjos são representados com asas em desenhos e pinturas.

Por meio da respiração bem conectada, nós podemos expandir essas asas. Muitos mestres ascensionaram apenas pelo fato de respirarem corretamente durante toda a sua existência terrena: os grandes iogues, os grandes meditadores da história da humanidade buscavam, por meio da respiração, atingir a iluminação, e isso é perfeitamente possível se houver dedicação.

Uma pessoa que respira com frequências cadenciadas, de forma conectada, é mais feliz, equilibrada e tem mais paz do que aquelas que respiram rapidamente e de forma ofegante. Pense nisso e cuide da sua respiração. **A yoga é um caminho excelente** para que possamos aprender a cuidar dos nossos pulmões e da nossa respiração. Recomendo que você experimente.

RINS

Os rins são responsáveis por filtrar nossas substâncias internas e estão associados à agitação, ao ódio, à ansiedade e à confusão emocional.

Quando não conseguimos acalmar e equilibrar as nossas emoções e vivemos em uma atmosfera que parece um mar revolto, teremos problemas nos rins. A doença surge quando o corpo acumula esses sentimentos ou trabalha em excesso para livrar-se deles. Os rins são os filtros das emoções associadas ao futuro e às nossas preocupações.

Quando existe uma preocupação excessiva com o futuro, do tipo: "Eu não sei o que vai ser da minha vida", há uma tendência maior a surgirem problemas nos rins. As preocupações com o futuro são tolas e inúteis, pois não podemos controlá-lo. O futuro pode ser planejado e construído com base em probabilidades, mas ninguém sabe exatamente o que vai acontecer. Não há nada que possa ser feito com relação ao futuro, a não ser confiar, criar na sua mente aquilo que você quer e fazer a sua parte para que dê tudo certo, porque não temos certeza nem de que estaremos vivos amanhã, na próxima semana ou no mês que vem.

Atualmente, muitas pessoas têm desenvolvido cálculos renais, que normalmente vêm de relações mal resolvidas. Problemas no rim esquerdo estão associados a conflitos de relacionamento com o pai ou figuras paternas, como um chefe ou cônjuge; problemas no rim direito estão associados com a mãe ou figuras maternas, como uma chefe, a namorada, uma professora ou uma amiga.

Relacionamentos mal resolvidos se transformam em cálculos renais por não serem tratados da forma adequada. Normalmente tentamos ser racionais dizendo que já está tudo bem, que está tudo resolvido, mas no fundo não está, e essa energia precisa se manifestar de alguma forma, precisa virar alguma coisa. A energia nunca morre, ela sempre se transforma. Quando dizemos "Já esqueci isso, já passou", mas a energia ainda está lá dentro, cutucando, é como se fosse uma farpa energética que fica incomodando o tempo todo.

Você diz "Já superei, esqueci", mas no fundo o sentimento está latente, e essa energia pode se transformar em cálculos renais.

SANGUE

O sangue representa os ciclos, as idas e vindas, a manifestação da vida internamente e também a alegria que gera a felicidade. Está associado ao fluxo e refluxo, ao ir e vir do bombeamento feito pelo nosso coração.

Os problemas no sangue surgem quando estamos acomodados, porque ele precisa de movimento, energia e circulação. É a circulação sanguínea que faz com que o sangue passe por todos os cantos do corpo e flua por todos os lugares.

Quando ficamos muito acomodados na vida, nos projetos ou em qualquer situação é como se o sangue dissesse: "Por que me esforçar tanto se ele não faz nada?"

O sangue também está associado à alegria e, quando estamos carentes da felicidade que a vida nos traz, podemos buscar formas saudáveis de cultivá-la. Um velho amigo sempre me diz que "quem não tem alegria de viver está fazendo hora extra no mundo", ou seja, se pudesse optar, preferiria morrer, porque não vê graça nem sentido na vida.

Desenvolva o bom hábito de procurar alegria nas coisas simples da vida. Comece a fazer por você mesmo pequenos gestos que deem prazer e alegria. Dê presentes a si mesmo todos os dias. Se você gosta de incensos, acenda um. Se gosta de tomar um café diferente e mais caprichado, prepare-o para você mesmo, sem precisar esperar uma visita. Se você gosta de massagem no pé, faça uma massagem no seu próprio pé, experimente dar carinho a você mesmo. Arrume seu cabelo de uma forma diferente. Leia uma revistinha de piadas para se divertir, sorrir, se alegrar. Dê-se esses pequenos mimos. Comece a fazer por você coisas que o agradem e lhe tragam alegria. Nesse fluxo de felicidade, o seu sangue vai melhorar.

Tudo na natureza é um constante fluxo e refluxo, como o sangue que vai e volta, passando pelas artérias e depois pelas veias. Busque esse movimento na sua vida, o fluxo e refluxo das marés. Doe e receba amor e alegria na mesma proporção. Se você der demais, não vai ser bom, e, se receber em excesso, também não. O equilíbrio nesse fluxo de dar e receber é que manterá a saúde do seu sangue e a harmonia da sua circulação.

Qualquer tipo de problema sanguíneo, desde uma simples anemia até problemas mais sérios, demonstra que há um desequilíbrio no dar e receber amor e alegria. Faça isso de forma proporcional e seu sangue será saudável.

SEIOS

Os seios são o nosso segundo cordão umbilical e representam o elo mais profundo com a nossa mãe e a natureza da nossa criação. Também estão associados à figura paterna, à alimentação, à nutrição, ao amor e ao sentimento de proteção.

Problemas nos seios normalmente estão associados à rejeição e falta de amor, quando não nos sentimos amados o suficiente.

O surgimento de nódulos e tumores pode representar alguma dificuldade ou carência afetiva com o pai ou qualquer figura de autoridade masculina. Dificuldades na amamentação ou insuficiência de leite materno indicam desprezo pelo pai, pelo marido e pelas figuras masculinas. É como se a mulher estivesse devolvendo rejeição às figuras paternas que em algum momento a desprezaram.

Dores e pontadas nos seios indicam irritação com pessoas próximas, ou uma necessidade de controlar a vida de alguém. E qualquer sentimento de sobrecarga no lar, como sentir-se sozinha para cuidar dos filhos e da casa, ter muitas responsabilidades, também pode acarretar vários problemas nos seios. **Uma boa sugestão para quem não quer passar por isso é aprender a perdoar e compreender o seu papel na vida.** Se seu pai, seu marido, seu avô lhe causaram algum mal, é hora de perdoar, se libertar, esquecer o passado e seguir em frente.

Todas as nossas células têm consciência, pensam e tomam decisões! Hemácias pensam, leucócitos pensam, neurônios pensam. Todas as nossas células têm discernimento, consciência, conhecimento, e é o conjunto delas que nos faz ser quem somos. Elas compreendem absolutamente todas as mensagens que nós as enviamos.

Se você está deprimido, suas células terão depressão também. Não tem como você passar por uma depressão e o seu fígado ficar ileso. Não tem como você passar por uma tristeza e o seu coração não ficar triste também.

Os nossos sentimentos, pensamentos e emoções afetam todo o nosso sistema, e é por isso que precisamos ter muita atenção, porque não somos partes isoladas que se juntam para formar um corpo. Nós somos um todo, e qualquer coisa que fizermos ou pensarmos vai refletir em tudo. Todo o mal que você fizer a si mesmo, estará fazendo para todo o seu corpo. A mais diminuta célula que fica lá no dedão do pé saberá se você está feliz ou triste, se você tem um propósito ou não. Então é extremamente importante que você faça tudo o que é possível para cuidar da sua energia e ficar bem.

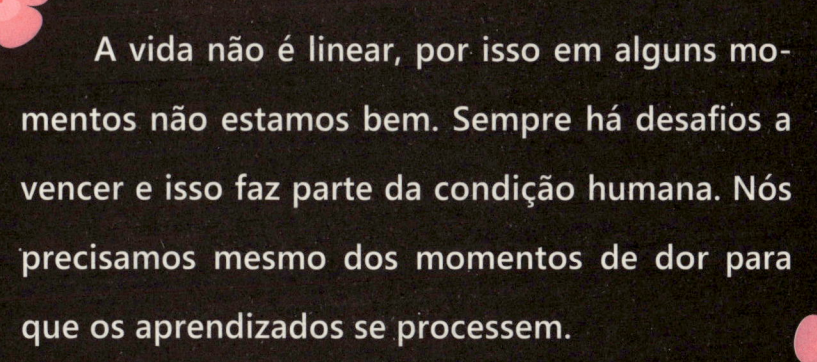

A vida não é linear, por isso em alguns momentos não estamos bem. Sempre há desafios a vencer e isso faz parte da condição humana. Nós precisamos mesmo dos momentos de dor para que os aprendizados se processem.

Mas, quando esses momentos acontecerem, você vai dar apoio a si mesmo. Isso se chama autoestima: é saber que, quando você não está bem, pode contar com seu autoamor.

Se você quiser ter saúde, não pode se acomodar, se jogar no sofá e passar o resto da vida lá, chorando. Se você passar por um momento difícil, dê-se o tempo necessário para retomar o fôlego e recomece.

NOSSO COMPORTAMENTO É O VILÃO...

Eu espero sinceramente que até aqui você tenha compreendido os motivos que causam as doenças em nossa vida. Tudo tem origem em comportamentos, pensamentos, sentimentos e emoções mal resolvidos, que acabam contaminando os nossos chacras, que se desvitalizam e não transmitem a energia correta para as glândulas. Elas, por sua vez, acabam se desvitalizando também, o que faz com que funcionem aquém da sua capacidade, gerando a doença.

Quando pensamos muito, estragamos a energia vital que entra no nosso corpo, e essa energia se modula e já vai para os chacras com problemas – e isso também se transforma em doença.

Então, a mensagem de entender cada parte do corpo, o que que elas querem nos dizer, o que o corpo quer nos falar a cada momento, faz com que possamos ir em busca da nossa saúde, trilhando novamente nossa jornada à Fonte, nos voltando para a espiritualidade e cuidando melhor de nós mesmos, da nossa alma, emoções, sentimentos e pensamentos, que são os grandes comandantes de todo o processo.

Espero que você tenha feito uma boa viagem pelo seu corpo, que tenha tido muitas sacadas, compreendido muitas coisas que acontecem na sua vida. Espero que você tenha tido aquele *clique* que faltava para perceber de onde essas coisas vêm, o que elas estão fazendo com você. E torço para que, neste momento, você tome consciência disso tudo e busque os caminhos para fazer as mudanças de que precisa.

Código da **Alma**

VAMOS EM FRENTE!

CAPÍTULO 4

Doença: Bênção ou Maldição

TUDO O QUE VOCÊ APRENDEU ATÉ AGORA foi para que, chegando aqui, conseguisse compreender a manifestação de cada doença e seu processo de remissão. Os referenciais teóricos de psicossomática costumam utilizar a palavra remissão para definir o período em que os sinais da doença começam a desaparecer do corpo, quando já não é mais possível detectá-los clinicamente. Não significa que a doença desapareceu por completo, pois, se o comportamento nocivo voltar, ela pode se instalar outra vez. É importante compreendermos que a doença sempre revela uma causa muito profunda que, se tratada com seriedade, terapia e reforma íntima, traz alívio ao corpo físico e à alma.

O PRIMEIRO PASSO PARA A CURA

Muitas pessoas quando estão doentes, perguntam "O que que eu fiz para merecer isso?". Não se trata necessariamente de algo que tenha sido "feito", mas sentido, pensado, causado por alguma emoção desequilibrada. Outra possibilidade é que a doença seja o resultado de alguma ação, que sempre vai produzir uma reação.

Você só ficou doente porque agiu contra a sua natureza, e a primeira coisa para que a remissão aconteça, é você aprender a se perdoar, se libertar do passado, e com esse perdão a consciência começa a estabelecer um processo de cura natural, que acontece de dentro para fora.

Pense comigo: a doença pode ter começado a se formar no seu corpo há 5, 10 ou 20 anos. Quando esse processo começou a acontecer, você sabia tudo que você sabe hoje? Claro que não. Se no passado você soubesse de tudo o que sabe hoje, teria agido da mesma maneira? Se você tivesse mais maturidade e soubesse o que fazer, teria agido daquele jeito?

O perdão é um direito seu. Pense: "Puxa vida, se fosse hoje, eu teria feito diferente, mas naquela época eu não sabia, por isso agi daquela forma". E então perdoe-se, **comece a se libertar do seu passado e encará-lo como um aprendizado.** Só isso já vai fazer com que as suas células se alinhem e comecem a trabalhar a seu favor.

DOENÇAS MAIS FREQUENTES

Até aqui vimos quais são os mecanismos de manifestação da doença, estudamos os chacras, as causas reais das doenças – que são os pensamentos, sentimentos e emoções –, e o caminho dela em nosso corpo. Os capítulos anteriores já bastariam para que você entendesse esse mecanismo, e analisasse qualquer tipo de doença que se manifesta no corpo, independentemente de ela ter um nome complicado, pois você já é capaz de identificar, pela parte do corpo atingida, a faixa em que ela ocorre, a que chacra e que emoções está vinculada.

Mas ainda assim, agora nós vamos mergulhar mais fundo e estudar algumas doenças especificamente. Não seria possível abordar todas as doenças aqui e, como os sites e as redes sociais da Luz da Serra têm muitos milhões de visualizações, além de milhares de seguidores e alunos, **fizemos uma pesquisa entre eles para saber quais eram as doenças mais recorrentes, aquelas das quais eles mais ouviam falar por aí ou se manifestavam em suas famílias.**

Nas próximas páginas vamos estudar, em ordem alfabética, as doenças que mais apareceram nos resultados dessa pesquisa. Acredito que sejam as que fazem mais mal à humanidade, as mais recorrentes e cujas causas as pessoas mais têm curiosidade de conhecer.

Se você quiser mais informações sobre alguma doença não listada aqui, pode recorrer à bibliografia que recomendo no fim do livro, pois são leituras muito completas. Já estudei muitos materiais e inúmeras obras da área de psicossomática, mas indico os que mais gosto e que possuem uma linguagem mais simples, fáceis de entender mesmo sem que se tenha uma visão muito técnica de tudo. Nenhum livro tem todas as informações sobre as doenças, mas, por meio de uma compilação cuidadosa, você conseguirá essas informações. Então vamos em frente conhecer cada uma das doenças que selecionei e suas causas emocionais.

ALERGIAS DE PELE

A alergia de pele fala de limites, contato, carinho, e representa a proteção da nossa individualidade. Os problemas de pele surgem por falta de limites, excesso de vaidade, sentimentos escondidos ou emoções mal resolvidas. Como essa energia precisa se manifestar de alguma forma, ela aparece na pele.

Isso pode acontecer quando estamos vivendo momentos de irritação com pessoas próximas que atrasam nosso desenvolvimento pessoal e profissional. Sabe aquela pessoa que você acha que é a pedra no seu sapato, que está sempre o impedindo de seguir adiante? Se existe uma ou mais pessoas que lhe causam muita irritação e você mascara essa condição, as alergias de pele se manifestam, pois você não pode esconder isso do mundo. A energia nunca morre, nem pode ficar escondida dentro de você. Ela sempre encontra um jeito de se manifestar.

As alergias de pele também acontecem quando a pessoa não sente prazer no seu trabalho. Normalmente passamos muitas horas trabalhando e, se isso não é prazeroso, o corpo entende que estamos forçando a barra e indo contra a nossa natureza. Quando vivemos essa situação por dois anos, mais ou menos, o corpo começa a criar a doença, pois há uma desintegração entre o "eu físico" e o "eu espiritual", uma espécie de desconexão. É como se o nosso corpo entendesse que durante dois anos precisamos nos sujeitar a fazer o que não queremos por uma questão de sobrevivência, por não termos opção.

Se você está nessa situação, comece a planejar sua transição de forma tranquila e gradual, pois ficar 5, 10 anos em um trabalho que odeia, apenas por estabilidade ou dinheiro, pode deixá-lo muito doente. Muitas vezes ficamos apegados por segurança, mesmo que seja a algo ruim.

Conheci muitos funcionários públicos que amam seu trabalho e também conheci tantos outros que detestam, mas, por questão de estabilidade, permanecem nos seus cargos, estagnados e sem coragem de sair do lugar. Dessa forma, a vida não se movimenta e a doença aparece.

Existem também os casamentos que só continuam por segurança. O casal pensa: "Tem a casa, o patrimônio que construímos juntos, separar vai dar muito trabalho, então prefiro ficar aqui, num relacionamento infeliz, a ter que sair da zona de conforto". **Nesse caso, como se trata de uma insatisfação oculta, também pode desencadear alergias de pele.**

Então, normalmente as alergias de pele se manifestam nesses três tipos de comportamento: ou a pessoa está irritada com alguém, ou trabalha em algo de que não gosta, ou está apegada a alguma coisa ruim, mas que lhe traz segurança.

Não sou determinista e podem haver casos que se encaixem em outros motivos, mas a maioria dos que tratei era por conta de um desses três comportamentos.

ALERGIAS RESPIRATÓRIAS

A alergia pulmonar ou respiratória está associada ao contato, à comunicação e à liberdade. Cada vez que um deles é ferido, de alguma forma surgem as alergias respiratórias.

É muito comum esse tipo de alergia acontecer quando nos sentimos irritados na convivência com pessoas próximas, com algo que está incomodando, quando alguém nos pressiona, invade nosso espaço, e não conseguimos impor os devidos limites ou quando não sentimos gratidão pelas pessoas que passaram pela nossa vida, não respeitamos as pessoas do nosso passado e nem vemos sua importância. Quando conseguimos agradecer a todas as pessoas que passaram pela nossa vida, uma grande libertação acontece e respiramos melhor, com mais leveza. Alergias respiratórias também acontecem com pessoas que se consideram as mais inteligentes, as mais infalíveis, super-heróis que resolvem tudo.

Muitas vezes ouvi: "Não tenho paciência com gente mole, com gente lerda, com pessoas que pensam devagar". Pessoas que usam esse tipo de discurso têm maior tendência a desenvolver alergias respiratórias. Presunção, falta de humildade, incapacidade de pedir ajuda, orgulho, querer salvar o mundo e resolver tudo sozinho são comportamentos que causam esse tipo de alergia.

Uma boa saída para quem quer se curar de alergias respiratórias é **aprender a conviver com a diversidade de opiniões e respeitá-la, mesmo que não concorde.** Quem disse que você está sempre certo? Quem disse que você é o sabichão? Talvez você esteja errado. Comece a considerar essa possibilidade, tenha humildade, e logo a alergia respiratória vai embora.

A dica é tornar-se mais leve, dócil e receptivo, estar aberto para as afirmações das outras pessoas, mesmo que, na sua visão, sejam "idiotas". **Desenvolva a habilidade de escutar a opinião alheia, e terá muito a aprender**. Um provérbio de que gosto bastante diz que existe uma razão para que nós tenhamos duas orelhas e uma boca: para aprendermos a escutar mais e falar menos. Treinando a escutatória, nos tornamos mais humildes e aprendemos muito mais.

As alergias respiratórias também estão associadas à dificuldade de lidar com autoridade. Nesse caso, a pessoa alérgica se sente superior. Se ela é a pessoa mais inteligente do mundo, como alguém vai ser chefe dela?

Descer do pedestal e aprender a se relacionar com as pessoas mais humildes, aprendendo a escutá-las, é uma boa dica para quem tem alergias respiratórias. Ser gentil, dar lugar para o outro passar, ter mais simpatia, paciência, escutar mais, ser mais delicado são bons conselhos para conquistar seu equilíbrio.

ALERGIAS ALIMENTARES

As alergias do sistema digestivo estão **associadas à alimentação e à nossa capacidade de nos alimentar e digerir as coisas da vida e do mundo.** Cada vez que essa questões são afetadas, você pode ter uma alergia alimentar.

Alimentar-se é o ato de nutrir a vida e abastecer o nosso corpo com os combustíveis adequados para que ele tenha o melhor funcionamento possível. Quando existe intolerância a certos alimentos, é porque, inconscientemente, temos medo de viver.

O ato de comer é um abastecimento, como se você estivesse colocando combustível no carro, e o alimento é uma fonte de energia. A alergia alimentar vem pelo medo de se alimentar, da vitalidade e da saúde.

Pessoas resistentes às diferenças alheias e que não sabem respeitar a diversidade, preconceituosas, também têm tendência às alergias alimentares. A dificuldade de comunicação e o esforço para manter em segredo algo sério e que ela julgue vergonhoso também podem desencadear alergias alimentares.

Um bom conselho para seu tratamento seria deixar o seu eu interior vir à tona e mostrar ao mundo quem você é de verdade. Atualmente, na era das redes sociais, as pessoas mostram apenas uma faceta para o mundo, a parte boa da vida, e a parte ruim ninguém posta; os problemas são mantidos em sigilo, escondidos, enquanto a parte boa é revelada a todos. **Se quiser ficar livre das alergias alimentares, jamais esconda sua luz para ser aceito pelos outros!**

ANSIEDADE

Hoje em dia, a palavra ansiedade é uma das mais procuradas nos sites de busca da internet, e isso significa que o terceiro chacra da humanidade está doente, pois ele é o centro onde estão presentes as **emoções mais intensas, como ansiedade, raiva, medo, tristeza, preocupação, remorso e arrependimento**. É muita gente ansiosa neste nosso mundo! E ansiedade é uma emoção totalmente negativa. Muitas pessoas referem-se a momentos de alegria e expectativa como ansiedade e esse é um erro grave.

Expectativa e animação por algo que está por vir é muito diferente de ansiedade, que é uma emoção que vicia e adoece.

A vida, de forma geral, está muito acelerada, rápida. O estresse está tomando conta das pessoas, o mundo está agitadíssimo e precisando de calma e serenidade. Parte da nossa ansiedade vem do formato em que nossa estrutura econômica está sustentada: ter que trabalhar muito para adquirir muitas coisas que tantas vezes são inúteis. O mercado capitalista é especialista em criar necessidades que não temos, e o consumismo alimenta essa engrenagem, gera mais lixo, poluição e aumenta ainda mais a nossa ansiedade.

É importante entender que a ansiedade se manifesta quando você está no estado latente de defesa contra as cobranças da vida e que muitas vezes nem são cobranças suas, mas da sociedade em que vive: **ter o melhor carro, o melhor corpo, a namorada mais bonita, sair na capa de uma revista famosa ou numa coluna social, ser o mais lindo, rico, inteligente – o mais perfeito**. Então, você surta de ansiedade.

A ansiedade também é uma característica das pessoas que desejam controlar tudo e todos a sua volta. Ora, não temos condições de controlar quase nada, pois nem sabemos se o despertador tocará amanhã de manhã. Quando aprendemos a viver o momento presente, nos libertamos da ansiedade. Não estou dizendo que não devemos fazer planos ou ter metas. **É claro que precisamos disso, mas sempre com a consciência de que amanhã tudo pode mudar.**

Quando a pessoa tem medo de que algo saia do seu controle, ela fica ansiosa, e o estômago começa a dar sinais. O ansioso tem medo de perder o controle e a estabilidade da vida e acaba desenvolvendo um aumento exagerado da produção de adrenalina. O ansioso dificilmente consegue escutar conselhos ou opiniões das outras pessoas, pois elas estão falando no momento presente, e ele está sempre no futuro, sempre pensando à frente. Ansiosos não têm unhas, pois as roem de tanta preocupação. Ansiosos são imediatistas, não conseguem degustar uma bala, eles precisam mordê-la e a engolir de uma vez. O ansioso está sempre com a mente louca e a respiração ofegante. Um ansioso não consegue respirar fundo pois isso seria perda de tempo.

Uma pessoa com ansiedade vive preocupada e é competitiva, pois quer ficar sempre na frente, afinal de contas, vive no futuro. Têm uma autocobrança exagerada, querem ser os melhores, mais bonitos, mais ricos, mais perfeitos, com o carro melhor e a melhor casa. Ela tem dificuldade de conversar com as pessoas, pois não ouve, sempre pensando no que vai falar em seguida, sem ao menos ter escutado o que o outro falou.

Um bom conselho para qualquer pessoa ansiosa **é desacelerar, se acalmar, pisar no freio, respirar calmamente e respeitar o tempo correto dos acontecimentos da vida.** Atualmente existem muitos vídeos e documentários sobre minimalismo e, se você é ansioso, recomendo que assista a eles e procure simplificar sua vida. A sensação de paz é indescritível.

Gosto muito de um texto bíblico, que diz que existe tempo certo para tudo, tempo de plantar e tempo de colher. Não adianta colocar a semente na terra e ficar olhando no relógio a cada 5 minutos para ver se ela já cresceu. A semente tem o seu tempo de crescer e se desenvolver. De nada adianta acelerar o relógio do mundo. A vida acontece em ciclos perfeitos e sua ansiedade não vai conseguir acelerar o tempo das coisas, apenas vai lhe fazer muito mal.

Para o ansioso, **terapia, meditação, mantras e yoga** fazem muito bem. Com essas técnicas ele aprende a respirar direito e a desenvolver a paciência de esperar as coisas acontecerem no momento certo. Ansiosos que buscam uma transformação podem procurar formas de se acalmar, de aprender a viver o momento presente, abandonar o passado e, principalmente, abandonar o futuro.

ARTRITE

A artrite é uma inflamação nas articulações ou juntas, e normalmente acontece com pessoas que têm o coração cheio de críticas, mas não as verbaliza. A energia negativa gerada se concentra nas articulações. Esse ressentimento está associado a pessoas que não têm seus esforços valorizados, pois todo mundo que faz alguma coisa boa espera reconhecimento e elogio.

Os grandes mestres que passaram pela Terra, como Gandhi, Madre Teresa, Jesus e Buddha, faziam as coisas sem esperar nada em troca, mas nós, humanos comuns, quando produzimos algo de bom, esperamos uma retribuição, seja em forma de elogio ou de reconhecimento. A humanidade inteira faz isso, e as pessoas que sofrem de artrite ficam esperando o reconhecimento alheio, mas ninguém as elogia. São carentes e quietas, e não se sentem amadas, o que pode levar a surtos de carência frequentes, algo muito nocivo para a nossa saúde.

Quando buscamos desesperadamente carinho em outra pessoa, o que queremos de verdade é energia e, nesse caso, não estamos buscando energia na fonte adequada. A carência é um buraco negro e, quando você a deposita nos outros, suga a energia deles.

Normalmente as pessoas que têm artrite também perdem muito tempo questionando e remoendo, em pensamentos platônicos, os motivos que levaram os outros a se comportarem de determinada maneira. Elas estão sempre se perguntando o que os outros estão pensando. Mais uma vez, essa energia se concentra nas articulações, provocando inflamação e muita dor. A dor tem origem internamente, quando a pessoa julga o comportamento dos outros e quer mudá-lo, o que não é possível. Como o portador de artrite tem muitas expectativas sobre os outros, ele acaba criando um endurecimento interno com as pessoas e com a vida.

A primeira dica para começar a curar a artrite é conectar-se à Fonte do Amor Universal, na qual o amor é muito abundante e nunca vai faltar. Se você se conectar à Fonte **por meio da meditação, da interiorização, do relaxamento, da oração ou do método que preferir, vai buscar amor no lugar certo e inesgotável, e se sentirá pleno, vivo e desperto**. A partir do momento em que você se sente amado pelo Universo, pelos Seres de luz, por Deus, pela Fonte Criadora de Infinita Sabedoria, não precisa mais do amor terreno, que muitas vezes é mascarado por jogos de interesses e paixões obsessivas.

Esse é um estado búdico que alguns grandes mestres atingiram, pois **tinham tanta certeza de que eram amados pela Fonte do Amor Universal** que chegaram ao ponto de considerar desnecessário o amor das pessoas da Terra. **Quando chegamos** no estágio de nos sentirmos amados pela Fonte, o mal desaparece e amor vence dentro de nós, trazendo equilíbrio e plenitude.

Isso acaba com a carência e lhe permite doar amor em vez de pedir. Você deixa de roubar energia das pessoas e, porque agora busca sua energia numa fonte abundante, consegue distribuir para as outras pessoas, passando a ajudar no trabalho de Deus, em vez de dar trabalho a Ele.

Outra dica para tratar a artrite é **desenvolver a flexibilidade na interpretação dos comportamentos alheios e deixar a energia fluir**, trabalhar a energia das articulações praticando **yoga, pilates, Reiki, Tai Chi Chuan, e fazer artes manuais, como artesanato ou pintura em telas, para que os pensamentos fluam e não fiquem represados nas articulações**.

ARTRITE REUMATOIDE

A artrite reumatoide é uma doença autoimune. Ela se manifesta quando sentimos uma tristeza profunda, frustração com a vida, vitimização; quando não conseguimos cumprir as nossas metas; tudo nos deixa tristes, cabisbaixos e sem reação; quando nos sentimos as piores pessoas do mundo, acreditando que ninguém vive numa situação pior que a nossa.

A artrite reumatoide também se manifesta em pessoas que têm comportamento de obsessor, são egoístas e oportunistas, e querem tudo para si; quando encostam em alguém desejam roubar a energia dessa pessoa. A nossa energia funciona mais ou menos como a energia das casas. Você paga a sua conta de luz e o vizinho paga a dele; e todos sabem que não é correto um utilizar a energia do outro.

Um bom conselho para quem tem essa doença é mudar o foco, inverter a sua ótica e direcionar a sua atenção para a sua própria vida, e não para a vida alheia, concentrando-se na sua busca interior e na sua missão de alma. Se você viver bem a sua vida, vai libertar as outras pessoas e deixar de ser um obsessor vivo.

Não fique roubando a energia dos outros como se fosse um vampiro, porque, além de ser inconveniente, não é eticamente correto. **Se você tem uma Fonte abundante de luz para se abastecer, por que você vai roubar a luz dos outros?**

Existem muitas maneiras de se concentrar em sua busca e conectar-se com a Fonte do Amor Universal para buscar boa energia: com uma oração, uma música, um mantra, ou apenas fechando os olhos e sentindo – ou visualizando - que a energia está entrando pelo nosso chacra coronário. Você pode se conectar da maneira que quiser e achar melhor, mas busque a sua energia e o seu poder na Fonte do Amor Universal.

> **Aprenda a suprir suas carências e busque o amor na natureza, na contemplação e no simples ato de respirar. Assuma a sua expressão no mundo e aprenda a amar. Pare de se comparar com os outros e seja você mesmo, mostrando ao mundo a sua missão.**

ASMA

Os pulmões representam nossos pais e nossa forma de lidar com as relações amorosas. Assim, a asma ocorre quando existe uma reação impulsiva frente à desarmonia entre um casal. É uma reação alérgica às brigas dos pais, dos avós, que ameaçam se separar. Quando uma criança nasce com asma ou manifesta a doença por volta dos três, quatro meses de vida, ela já sente no ar uma tensão de brigas na família, entre os pais, os avós, as figuras de autoridade presentes na sua vida. Quando ocorre essa desarmonia, que pode levar a uma separação, a criança sente e somatiza na forma de asma. Discussões durante a gravidez podem provocar asma na criança que acaba de nascer.

Quando manifestada em adultos, a asma revela medo interno de crescimento e desarmonia em relação ao sexo oposto. Normalmente acontece nas pessoas que não têm muito diálogo nos relacionamentos e querem que os outros melhorem e, principalmente, adivinhem o que elas estão pensando e sentindo.

Uma boa dica nesse caso é tornar-se mais leve nas relações, sem tantas cobranças com o outro, ser menos emocional e mais racional nos relacionamentos.

AVC

O Acidente Vascular Cerebral (AVC) está associado a pessoas de comportamento controlador e a preocupações com o futuro dos negócios e das pessoas amadas. Carregam muita raiva e precaução nas atitudes do dia a dia e se desrespeitam quando erram nas decisões.

São pessoas que não admitem erros nem de si, nem dos outros; eternas insatisfeitas e que não aceitam as mudanças que a vida traz. Nada fica parado. A vida é uma constante mudança, a energia se movimenta a todo instante, as células que estavam no seu corpo ontem já não são as mesmas de hoje, e não serão as mesmas de amanhã, elas estão sempre se renovando. Mudança é a palavra principal aqui na Terra, é o que rege tudo.

O AVC está associado ao sistema nervoso central, ao cérebro e à medula, e o sistema nervoso representa a mudança. Todos os movimentos do corpo estão associados à medula e ao cérebro, pelos quais passa a eletricidade, a energia do nosso corpo. Quando ficamos parados, estagnados, somos rígidos e não aceitamos mudanças, temos problemas no sistema nervoso central.

Pessoas que sofrem um AVC não conseguem conviver com o fluxo normal dos acontecimentos. Normalmente são ansiosas, apressadas, insatisfeitas nos relacionamentos. Elas não conseguem libertar as pessoas e permitir que vivam suas experiências. Como são controladoras, fiscalizam a vida alheia e querem controlar mental e verbalmente a vida de todos que o rodeiam. **Como uma panela de pressão, estão sempre prestes a explodir.** Dificilmente conseguem ter leveza ou relaxar, e com isso podem ter a hipertensão necessária para desencadear o AVC.

A remissão da doença acontece quando o indivíduo aprende a soltar, delegar e abandonar as preocupações com a segurança e com a família. Poucas coisas podem ser controladas por nós, pois não sabemos o que que vai acontecer nos próximos 10 minutos. É tudo muito imprevisível. Liberte-se dos outros e pare de se preocupar, porque dificilmente resolvemos alguma coisa com preocupação.

BURSITE

A bursite está ligada ao comportamento no trabalho e aos problemas de relacionamento com superiores. Quando tem falta de reconhecimento no trabalho, falta de elogios, quando superiores se apropriam das ideias, você desenvolve inconscientemente uma ira incontrolável contra essas pessoas. Vamos supor que você tenha tido uma ideia no trabalho, implantou um projeto e seu chefe falou para a diretoria que foi ideia dele.

Nesse momento você se sente injustiçado e acaba desenvolvendo ira por essa pessoa. Mas você não foi projetado para sentir isso. **A sua natureza não é a raiva**. Essa emoção é uma energia, e precisa ser extravasada de alguma forma, então ela se torna uma doença, nesse caso, bursite. Quando há problemas de relacionamento com superiores no trabalho e a ira se torna insuportável, a bursite surge como uma inflamação na região do ombro.

O conselho é avaliar se o ambiente de trabalho é realmente o ideal para você. Quando alguém no trabalho nos despreza, nos humilha e ou nos xinga, é porque não sabemos impor os devidos limites. Manifestar suas ideias, pensamentos e sentimentos e exigir respeito é uma boa dica para a remissão da bursite.

CÁLCULO RENAL

O cálculo renal está associado aos conflitos de relacionamentos com figuras de autoridade. O rim direito representa a mãe ou qualquer importante figura feminina. O rim esquerdo representa o pai ou qualquer importante figura masculina.

Os pensamentos de tensão e preocupação em relação ao futuro também desencadeiam cálculo renal, então aquelas pessoas com dificuldades de viver o momento presente também têm chances de desenvolver essa doença. **O acúmulo de medos e tensões cristalizam-se em forma de pedrinhas que ficam armazenadas nos rins, que são os filtros das nossas emoções.** As pessoas que se sentem injustiçadas, magoáveis, que se afetam demais pelos pensamentos e julgamentos das outras pessoas, possuem também uma grande probabilidade de desenvolverem cálculo renal.

Uma boa dica é fazer uma reciclagem na sua vida emocional, nos seus relacionamentos, e libertar-se dos medos do passado e das preocupações com o futuro. De nada adianta ficar guardando mágoas e ressentimentos, pois isso não vai ajudar você a resolver os problemas. Reconstrua sua vida a partir de agora, utilizando seu passado apenas como uma biblioteca de aprendizados e experiências, e assim seus rins estarão sempre saudáveis.

CÂNCER

O câncer, em suas mais variadas manifestações, **revela uma pane geral nos chacras, mostrando que todos eles estão bloqueados, sem energia e vitalidade.** Essa pane geral acontece em cadeia. Por exemplo, vamos supor que o terceiro chacra começa a ter bloqueios. Então, o segundo e o quarto chacras precisam trabalhar em excesso para compensar o desgaste do terceiro, e, com essa sobrecarga, acabam se desvitalizando. Em consequência disso, o primeiro e o quinto chacras precisam trabalhar mais para compensar o desgaste do terceiro, do segundo e do quarto. Um chacra sempre vai trabalhar em excesso para compensar a falta de energia do seu vizinho e isso acaba levando à desvitalização e perda de energia de todos eles. Quando isso acontece, as células perdem o comando e acabam se desenvolvendo de uma maneira diferente da nossa natureza: é nesse momento que surge o câncer.

Essa doença revela mágoas, dores e tristezas profundas guardadas na memória durante a vida, principalmente relacionadas a familiares e relacionamentos muito próximos. Sentimentos antigos guardados em segredo modificam a química do organismo, gerando alterações nocivas nas células e causando o surgimento de tumores malignos.

O número de pessoas com câncer tem aumentado vertiginosamente nos últimos anos, em decorrência da nossa incapacidade de administrar as emoções.

Para que haja a cura completa do câncer, além dos tratamentos tradicionais, como cirurgia, quimioterapia e radioterapia, também se faz necessário um processo de reforma íntima muito profundo como tratamento paralelo.

A partir do momento em que fazemos reforma íntima, quando aprendemos a ter mais esperança na vida, mais fé e, principalmente, a gostar da vida que temos, a cura começa a acontecer.

Muitos são os casos de pessoas que fazem cirurgias para a retirada de tumores e não mudam o seu comportamento. Nesses casos, quase sempre o câncer se instala novamente.

CÂNCER DE MAMA

O câncer de mama ocorre quando acumulamos mágoas, dores e tristezas profundas guardadas na memória durante toda a vida, principalmente relacionadas a figuras de autoridade masculinas. Quando o câncer de mama se manifesta, normalmente está vinculado a algum homem que fez com que a pessoa não se sentisse amada o suficiente. Ressentimentos antigos com pai, marido, irmão mais velho, quando são guardados em segredo, alteram a química do nosso corpo, gerando alterações nocivas nas células e causando o surgimento de tumores malignos nos seios.

O tratamento de câncer precisa de reforma íntima o tempo inteiro. Em consultório, eu costumava recomendar para quem fazia quimioterapia que trilhasse em paralelo um caminho espiritual. Para que haja uma melhora, as células precisam de uma ligação espiritual. Quando há uma desintegração entre você e a Fonte Criadora, o canal principal de energia do universo, as células se perdem, não sabem para onde ir nem o que fazer, perdem a liderança e começam a se reproduzir de forma errada.

Você precisa de uma boa conexão espiritual, seja ela qual for. Não importa se você quer frequentar uma igreja, religião, filosofia, doutrina, ou se quer ficar em casa e fazer sua reforma íntima de forma autodidata. O importante é que você tenha um caminho espiritual. O nosso corpo precisa de conexão espiritual, pois quando abandonamos nosso espírito, a doença vem. **A espiritualidade é um pilar fundamental** e, a partir do momento em que a abandonamos, ficamos doentes. Se você já teve algum cisto, tumor e foi retirado, faça sua reforma íntima para evitar que o câncer volte a se instalar.

COLUNA E PERNAS – DOENÇAS

A coluna e as pernas são a estrutura do corpo, nossos pilares principais. É como a grande coluna mestra de um prédio, que mesmo invisível o mantém de pé. Normalmente, quem apresenta problemas nas pernas e na coluna traz um histórico familiar de muitas desavenças e desarmonias entre seus antepassados, em diversas gerações.

Quando há uma carga genética muito pesada, trazemos essa energia através das gerações, o que acaba sobrecarregando a coluna e as pernas. Essa desarmonia pode vir também da geração atual e influenciar fortemente em nossa estrutura de vida, que deveria vir do seio familiar. Então, quando a pessoa se sente insegura e sem estrutura dentro da sua própria família, pode vir a ter problemas na coluna e nas pernas.

Uma boa solução para dissolver essa questão é acompanhar o tratamento tradicional de **orações diárias pelos antepassados.** Você pode pesquisar na internet um tipo de oração de corte de laços com antepassados – escolha a que mais se sintonizar com você – e começar a praticar diariamente até que a melhora aconteça.

Durante a oração, imagine que os laços vão se dissolvendo e afirme com uma intenção bem focada que você perdoa todas as pessoas que já tocaram sua vida no passado e no presente, e peça perdão a todas elas também.

Essa é uma prática bem simples. Eu mesma, que não tenho problema algum na coluna, costumo fazê-la no banho, simplesmente porque sinto minha alma muito mais leve depois dessa oração.

Nós somos a semente dos nossos antepassados. O próprio Mikao Usui que foi o redescobridor do Reiki, dizia que conhecemos uma árvore pelo fruto que ela dá. Imagino que ele usava essa expressão para dizer que nós somos a semente daqueles que estiveram aqui na Terra antes de nós, e carregamos essas informações genéticas que vêm deles. Imagine o sofrimento de todas essas gerações de pessoas que viviam em condições precárias, difíceis, em meio a guerras e tantas incertezas! Toda essa desarmonia habita em cada um de nós e pode desencadear doenças na nossa coluna e nas nossas pernas.

CONSTIPAÇÃO

Tudo que em nosso organismo não consegue seguir seu fluxo, que encontra seus caminhos bloqueados – seja a respiração, seja o sangue, seja o alimento –, podemos considerar uma constipação. Podemos ter o nariz ou o ouvido constipados, quando estão com muita secreção. Mas nosso foco aqui vai ser a constipação intestinal, que acontece principalmente com as mulheres.

Na interpretação da bioenergia, o intestino é a via de eliminação de tudo aquilo que não queremos mais, que não vamos mais usar, pois é através desse órgão que o organismo elimina o que sobra da nossa alimentação. Quando tentamos reter o que precisa ser descartado, estamos apegados ao que é ruim, que não é mais útil. Infelizmente, temos a tendência de nos acostumarmos até com aquilo que é nocivo, desde que nos traga conforto e segurança.

Então, mesmo que uma coisa ou pessoa seja maléfica, mas trouxer a ideia de conforto e segurança, você vai querer ficar com ela. Muitas pessoas sustentam uma situação ruim, porém estável, como um casamento de aparências, pelo simples fato de que isso lhes traz segurança. Dessa forma, o apego ao passado, o acúmulo de mágoas, tristezas e até objetos materiais causam constipação intestinal.

A remissão se dá quando a pessoa consegue desapegar e fazer a energia fluir, quando consegue soltar as pessoas e situações para que o novo possa chegar em sua vida. O conselho que sempre dou é algo que, pessoalmente, gosto muito de praticar: **o velho e bom faxinão em casa, no seu trabalho, na sua mesa de escritório, na carteira.**

Liberte-se de tudo aquilo que não serve para nada, que é ruim e que fica alimentando suas tristezas. Remova todas as tranqueiras e tralhas que estão atrapalhando a sua vida.

Doe para alguém que queira e precise as roupas, calçados e itens de cama, mesa e banho que você não usa mais. Às vezes você deixa ali porque "pode precisar um dia", mas a verdade é que isso não vai ser útil para nada, nunca. Então liberte-se! **Claro que beber água e comer fibras é muito importante também, mas, quando você fizer o faxinão, seu intestino vai começar a fluir.**

DEFICIÊNCIA INTELECTUAL

A deficiência intelectual também pode ser considerada como dificuldade de aprendizagem. A nossa vida é formada por uma linha mestra que contempla várias existências.

Por muitos anos, estudei e ministrei cursos na área de terapia de regressão a vidas passadas, e falo deste assunto não como crença, mas como uma constatação através dos milhares de atendimentos com regressão que realizei em mais de uma década de consultório. Essa escola terapêutica faz um intercâmbio entre as terapias tradicionais e o plano espiritual, trazendo à luz uma nova forma de considerar os transtornos mentais. Como a nossa existência atual é apenas um dia de aula na nossa vida (que seria a soma de todas as nossas existências), podemos considerar que nessa vida atual (nesse dia de aula) estamos cumprindo alguns aprendizados específicos. Quando alguém está nessa vida com dificuldades de aprendizagem, isso normalmente significa que, em vidas passadas, teve uma grande capacidade intelectual que foi mal utilizada.

Quando isso acontece, nós mesmos, conscientes do nosso erro anterior, pedimos, ainda no plano espiritual, que nossas capacidades sejam reduzidas, por meio de membranas extrafísicas, até que estejamos prontos para aprender novamente, usando nosso conhecimento para o bem. Dessa forma, pelas próximas vidas – o número exato varia de pessoa para pessoa, pois depende do desenvolvimento da alma e do carma –, nascemos com deficiência intelectual, para aprendermos a lição de que não se deve usar o conhecimento para o mal.

Podemos nos esforçar e, através do mérito adquirido nessa vida, com boas ações, recuperar parte dessa capacidade. Mas ela só será plenamente restabelecida nas próximas vidas, quando esse carma for cumprido. Quem sofre de deficiência intelectual precisa entender que usou o conhecimento que teve um dia para fazer o mal. Nesse caso, é importante praticar o autoperdão e ter a paciência de esperar mais algumas vidas para recuperar a capacidade anterior. **Para acelerar o processo é bom usar a vida atual para mostrar para a humanidade que é capaz de fazer o bem.**

DEPENDÊNCIA QUÍMICA

A dependência química está associada à fuga de si mesmo, da vida e da sociedade. Surge quando a pessoa não suporta o sistema, a sociedade na qual está inserida, e quer fugir disso, esquecer os problemas ao invés de enfrentá-los. Esse processo de fuga acaba a levando à dependência química.

O dependente químico é uma pessoa que não sente prazer em viver e busca satisfazer esse prazer ilusório com as drogas para se esquecer dos problemas. Certamente você já ouviu a frase: "Vou beber para esquecer". No entanto, problemas devem ser enfrentados, e não esquecidos. Problemas não resolvidos tornam-se ainda maiores.

Quando falamos de dependência química, nos referimos a uma substância química nociva que a pessoa não consegue parar de consumir. Mas quantos outros vícios, dos mais variados, existem e disparam substâncias químicas nocivas em nosso organismo? Há pessoas viciadas em videogame, jogos on-line, refrigerante, chocolate, reclamação, raiva, açúcar, café e sexo.

Uma boa dica para o tratamento da dependência química é libertar-se da procrastinação. De nada adianta empurrar os problemas com a barriga, pois eles precisam ser enfrentados e resolvidos com coragem, planejamento e execução, um passo de cada vez. Quando compreendemos isso de forma profunda, basta erguer a cabeça, encarar e resolver. Você pode buscar força em muitos lugares, na espiritualidade, na terapia e no seu eu interior – mas as drogas, o álcool e outros vícios não nos dão força nenhuma. Pelo contrário, nos tornam cada vez mais fracos.

DEPRESSÃO

Antes de definirmos a depressão como uma doença, é bem importante compreendermos que ela é um estado de espírito no qual o deprimido não vê mais beleza nem graça em absolutamente nada ao seu redor. Normalmente, a depressão começa com um trauma, uma grande perda ou sentimento de tristeza, vazio no peito.

> **Todos esses sintomas desvitalizam os chacras de tal maneira que, em pouco tempo, a pessoa zera seu estoque de energia vital, faltando força e coragem para resolver as questões mais simples, como tomar um banho, por exemplo.**

A depressão é uma desintegração, um desligamento total com a fonte da vida. A doença começa em um único chacra que se encontra bloqueado por algum motivo, e esse bloqueio vai desvitalizando os chacras mais próximos, até que todos parem de funcionar. Nesse momento, a pessoa perde a vontade de conhecer sua missão e começa a se sentir totalmente perdida, não consegue enxergar um propósito em viver, e a depressão se instala.

É nesse momento de "tanto faz" que as pessoas não se permitem ser elas mesmas, se deixam dominar pela desordem da família, dos relacionamentos, do mundo social.

Se você ou alguém da sua família estiver passando por esse grave problema, selecionei algumas perguntas que você pode fazer ao deprimido para ajudá-lo a encontrar um caminho de reação.

1. O que você gostaria de fazer na sua vida?
Quando a pessoa está deprimida, normalmente responde, "Não gostaria de fazer nada, não vejo graça na vida, eu preferia morrer".

2. Então você redireciona a pergunta:
Ok, mas, se você pudesse fazer alguma coisa na sua vida, **o que que gostaria de fazer?**

3. Se você tivesse essa chance, o que planejaria para o futuro?

4. Que sonho você não realizou, e realizaria se pudesse?

5. O que alimenta a sua alma? Qual trabalho você faria por amor, mesmo de graça?

Essas são boas perguntas para investigar a situação de uma pessoa que você desconfie estar deprimida. Em uma fase de depressão severa, os chacras ficam muito desvitalizados e não conseguem produzir as substâncias necessárias para que o corpo se mantenha em equilíbrio, então faltam vitaminas e substâncias essenciais ao nosso organismo. Na maioria das vezes falta serotonina e lítio, e a recomendação médica é que se reponha de forma sintética, com medicação alopática.

Em paralelo a isso, é altamente recomendado que o deprimido busque a ajuda de um bom terapeuta, para chegar ao equilíbrio em todos os níveis: espiritual, mental, emocional e físico. Eu particularmente acho perigoso e delicado repor substâncias que nos faltam com remédios alopáticos, simplesmente porque eles não atuam na alma. Todavia, em casos que o deprimido apresenta tendências suicidas, a medicação alopática se faz necessária, para que a pessoa não atente contra a própria vida.

Então, embora eu não concorde com a eficácia dos tratamentos alopáticos para depressão, em alguns casos a pessoa precisa procurar um médico e repor de forma sintética as substâncias que lhe faltam, mas sempre fazendo a reforma íntima em paralelo, com terapia, para repor também de forma natural as substâncias que o próprio corpo pode produzir.

O primeiro argumento do deprimido é que o cérebro dele tem um defeito e não produz serotonina. Tudo bem, o cérebro pode estar com esse defeito. Mas a questão é: de onde vem esse defeito? Por que que as glândulas não estão fabricando serotonina? Por que você precisa ir até a farmácia, se o seu corpo pode produzi-la? **Porque os chacras estão desvitalizados e funcionando aquém da sua capacidade.**

Se os chacras estivessem funcionando de forma equilibrada, a glândula estaria abastecida de energia e produzindo o que o corpo precisa. Para que seus chacras funcionem perfeitamente e produzam as substâncias de forma natural, torna-se necessária a ajuda de um bom terapeuta holístico. A meditação, a yoga, o Tai Chi Chuan, o Reiki e a Fitoenergética costumam ajudar muito e, em diversos casos, conseguem reverter totalmente o quadro depressivo.

Um problema difícil de resolver no estado mental do deprimido é o autocentramento. Ele olha apenas para si e em seus problemas, sem enxergar nada ao seu redor. É uma espécie de egocentrismo, no qual a pessoa só pensa que seu estado é o pior do mundo. Ela diz repetidamente: "a minha dor, o meu problema, a minha dor de cabeça" – tudo é dela, ela, ela, ela. Nos meus anos de consultório, eu recomendava aos deprimidos em tratamento um período de três dias de jejum de reclamações e lamentações.

Durante esse tempo, ele não poderia reclamar, se lamentar nem pensar nos próprios problemas. Poderia pensar apenas em como ajudar os outros e fazer algum tipo de caridade, dedicar-se a alguém. Quando o deprimido olha para fora e começa a ajudar o mundo a se tornar um lugar melhor, a evolução é muito grande.

Para tratar a depressão, é importante o enfrentamento de si mesmo. Se você está enfrentando essa situação, aceite-se como você é e procure dar o seu melhor para as outras pessoas. Eu mesma aprendi muito em trabalhos voluntários. Entrar em um hospital de câncer infantil e observar a luta pela vida no olhar de crianças que só queriam uma chance de viver enche a nossa alma de esperança e amor e **nos ensina a valorizar a grande oportunidade de estarmos encarnados**.

DIABETES

A diabetes acontece quando a pessoa entende que a vida na Terra é muito difícil, quando está muito dolorida e amarga. Normalmente, a vida do diabético é trágica, e numa conversa franca com um diabético você pode até chorar, pois ele tem histórias muito tristes desde a infância.

Em todos os meus anos de consultório e pesquisas de bioenergética, percebi que há duas posturas que normalmente aparecem no diabético: **vitimização ou agressividade**. Ou ele é a vítima do mundo ou é agressivo, birrento e rebelde. Realmente, ele passou por muitas dificuldades reais, mas comportar-se como o "coitado" ou como o "adolescente rebelde" reforça mais ainda a doença e atrapalha a saúde.

A diabetes ocorre também em pessoas que, em vidas passadas, negligenciaram as questões de saúde. Os abusos cometidos contra o corpo em vidas passadas geram um carma negativo que precisa ser transmutado na vida presente, fazendo com que agora os cuidados com o corpo tenham de ser excessivos. Por isso, nesta vida, elas precisam cuidar da alimentação num nível muito detalhado, aplicar insulina, medir a pressão e a glicose várias vezes por dia, praticar exercícios, além de vigiar-se o tempo todo para não ter complicações.

Um bom conselho terapêutico para o diabético é que ele **volte-se para o futuro e abandone o passado, zerando o cronômetro de suas tragédias pessoais e tratando-as como aprendizado e experiência**, e assim os efeitos dessa doença poderão ser amenizados. Procurar terapias de quebra de amarras, corte de laços com o passado também ajuda a seguir em frente e fazer planos para o futuro.

DOENÇAS AUTOIMUNES

Doença de Crohn

A Doença de Crohn é autoimune, uma inflamação do intestino que causa dores terríveis. Essa doença ocorre quando a pessoa

possui pouca consciência de si mesmo, não sabe qual é a sua missão aqui na Terra e quando não consegue expor o que tem dentro de si. <u>São pessoas misteriosas que guardam seus desejos mais secretos.</u>

O nosso intestino representa a saída daquilo que nosso corpo não aproveita mais. Quando a pessoa é apegada e não consegue se libertar de mágoas, de tristezas e rancores guardados, essa doença pode se manifestar.

Uma boa dica é procurar uma terapia, alguém confiável para quem o doente possa manifestar o seu submundo, os medos, as tristezas e as dores. Assim como quem sofre de constipação intestinal, as pessoas acometidas pela doença de Chron também podem se beneficiar de uma boa faxina em casa, se desfazendo de tudo o que não usa mais e ficando só com o que é necessário. Depois de fazer uma faxina externa, o corpo entende que precisa também de uma faxina interna, e esse é um primeiro passo para que a organização interna se inicie.

Embora na visão da Medicina oficial, a doença de Crohn não tenha cura, não posso desconsiderar tudo o que já vi nestes 15 anos de carreira. Já vi muitos casos de pessoas que, quando se alinharam às suas missões pessoais e aos seus propósitos, conseguiram estabelecer uma cura, mesmo para aquilo que a Medicina oficial afirma ser incurável. A causa das doenças reside em nossa alma, mente e emoções. O corpo físico apenas expressa em forma de doença aquilo que não está bem resolvido dentro de nós. Melhorando por dentro, a saúde se reflete do lado de fora.

Lúpus

O lúpus costuma afetar as pessoas que sentem raiva da vida. Em vez de se sentirem gratas por estarem na Terra, por terem a oportunidade de encarnar e resolver seu carma, elas ficam com raiva, porque odeiam viver na Terra.

Precisa existir uma força inconsciente gigantesca para construir uma doença autoimune – aquela que o corpo não consegue combater. É uma grande força contrária à nossa natureza, com muita raiva acumulada para que uma doença assim se instale, como se fosse uma espécie de suicídio criado pela mente, como se a pessoa dissesse: "Por meio do lúpus eu quero morrer". É essa mensagem que o inconsciente envia. Então, são pessoas que desistiram de viver, que não têm mais esperança, e que estão no fim da estrada.

Normalmente, **essa dor emocional vem de um passado muito sofrido, de terríveis perdas de entes queridos, familiares, catástrofes de qualquer natureza,** e todo esse sofrimento pode desenvolver lúpus, porque o doente sente que a vida perdeu a graça quando já sofreu muitas perdas.

Um bom caminho para tratar o lúpus é perdoar a si mesmo e, principalmente, perdoar a vida, entender a energia da vida, e que as perdas fazem parte dela, pois tudo o que nós vivemos aqui na Terra faz parte de um grande aprendizado cármico; tudo tem ciclos e um dia vai acabar, pois nada é eterno, com exceção do nosso espírito. Para os doentes de lúpus, uma boa recomendação é a prática de atividades que estimulem a alegria, procurar a felicidade nas pequenas coisas, buscar a prática de sorrir mais, conectando-se à Fonte do Amor Universal.

DOR DE CABEÇA

A cabeça é o nosso centro de comando, como se fosse o painel de controle do nosso corpo. É da cabeça que saem todas as instruções para o funcionamento do restante do corpo. Quando a dor de cabeça ou a enxaqueca vêm, normalmente estão associadas a uma educação muito rígida, repressiva, autoritária e castradora.

Se a cabeça dói o restante do corpo está em desarmonia. Quando passamos por um processo de educação muito rígida, nos sentimos sufocados, e reagimos com a enxaqueca para despertar a compaixão alheia. Dessa forma, as cobranças cessam e o doente de enxaqueca consegue fugir das pessoas rígidas e autoritárias. O doente prefere sentir a dor da enxaqueca do que a dor de ser sufocado pelas pessoas.

Normalmente a enxaqueca acontece com pessoas individualistas, que **preferem viver sozinhas em seu mundo idealizado.** Quando alguém se aproxima, a pessoa considera que é uma invasão de privacidade, como se esse mundo idealizado sofresse uma ameaça.

> **A enxaqueca ocorre quando a pessoa vive uma realidade insuportável, e deseja se libertar, mas falta coragem para agir.**

Uma boa dica para quem tem enxaqueca é **ir em busca dos seus sonhos e libertar-se de tudo aquilo que o incomoda**. Comece se libertando das coisas pequenas, até que tenha maturidade para se libertar das coisas maiores e das pessoas que o sufocam.

Não é saudável viver num ambiente que você não suporta, rodeado de pessoas de quem não gosta. Vá resolvendo do seu jeito, encontrando uma forma de se libertar de tudo aquilo que lhe causa insatisfação. Quando isso acontecer, o seu corpo vai encontrar a harmonia e sua cabeça vai parar de doer.

DOR NA COLUNA CERVICAL

Normalmente aparece quando a sua cabeça está muito cheia, pesada, lotada de ideias e com excesso de energia, como se faltasse um apoio para uma mente tão grande, expandida e cheia de preocupações. Na falta deste apoio, as vértebras da cervical começam a doer. Quando a pessoa se sente responsável demais e sobrecarregada com a vida que leva, também podem surgir dores na cervical.

Se este for o seu caso, procure ser mais flexível consigo mesmo, e elimine os pesos desnecessários. Atualmente dispomos de muitos recursos auxiliares para que nossa mente não fique tão sobrecarregada: *smartphones*, cadernos, agendas, aplicativos, e muitas outras coisas. Portanto, tire essas ideias da sua cabeça e coloque-as no papel, ou num dispositivo eletrônico, no computador, faça uma agenda, uma lista de pendências, um *checklist*. Organize-se, e sua cabeça vai ficar mais leve e saudável e as dores na cervical vão desaparecer.

DOR NOS JOELHOS

Revela ira constante, raiva acumulada e nervosismo contido. Esses sentimentos negativos desequilibram a química do organismo, gerando atritos nas articulações dos joelhos, causando dores e inchaços, inflamações. As pessoas mais resistentes, que não aceitam as opiniões alheias, que estão sempre com a razão, teimosas, inflexíveis ou que "não se dobram" (porque o ato de dobrar os joelhos é um ato de fé na vida) têm tendência a desenvolver problemas nos joelhos.

A yoga é uma excelente prática para quem tem problemas nos joelhos, pois trabalha a flexibilidade da alma e do corpo, ajudando a fortalecer a musculatura e a mente. Muitas pessoas pensam que yoga é exercício físico, que é para melhorar a musculatura, mas a trata-se de uma prática que vai muito além disso, por ser uma filosofia de vida que envolve meditação, posturas, mantras, respiração e uma série de outros benefícios que vão trazer harmonia para o seu corpo, limpar a energia negativa e trazer flexibilidade na musculatura também. Pela saúde do seu joelho, pratique yoga.

ESCLEROSE MÚLTIPLA

A raiz da palavra esclerose tem sentido de rigidez, envelhecimento e petrificação. A esclerose aparece quando a pessoa se tornou uma pedra, dura. Normalmente, ocorre em pessoas que decidiram aposentar o cérebro e parar de aprender coisas novas.

Quando alguém decide enrijecer o cérebro, existe uma espécie de acomodação e conformismo. Quando o cérebro é utilizado para coisas fúteis e vaidade, e a pessoa gasta sua energia vital com fatos bobos, vive sem propósito, a esclerose múltipla se instala.

Uma boa dica para quem sofre de esclerose múltipla é começar a treinar o cérebro para aprender coisas novas, praticar exercícios e atividades que façam o cérebro funcionar, como palavras cruzadas, quebra-cabeças. Assim como nosso corpo físico, o cérebro também precisa se exercitar, pois, se ele não é usado, o corpo entende que ele não precisa mais funcionar, então surge a esclerose múltipla, uma doença degenerativa do cérebro. Ela degenera as células que não estão cumprindo a sua missão. E é exatamente assim que o nosso corpo funciona: os recursos não utilizados, se degeneram.

ESTÔMAGO – PROBLEMAS

O estômago está associado ao nosso terceiro chacra e às emoções mais intensas: paixões e tudo aquilo que é visceral. As pessoas excessivamente críticas e reclamonas tendem a ter problemas no estômago. As pessoas de comentários ácidos e agressivos por natureza, desenvolvem patologias nessa região, pois seu veneno altera o pH estomacal. A leveza na alimentação, nas atitudes, na respiração e na vida ajuda a conquistar um estômago saudável. Se você não quer sofrer com dores no estômago, **procure ser mais delicado com as palavras, consigo mesmo, enquanto abandona as críticas e os julgamentos.**

FALTA DE LIBIDO

A falta de libido acontece quando um parceiro sente mágoa do outro, podendo causar até dores nas relações sexuais. Acontece também quando há tabus, vergonha, ansiedade ou ainda por falta de autoestima e esclarecimento sobre a sexualidade. O caminho da remissão é o autoconhecimento, a busca pela sua verdade interior para explorar de forma saudável a sua sexualidade.

A humanidade vem há muitos anos, principalmente aqui no Ocidente – com a nossa educação católico-judaica –, carregando uma culpa sexual, que considera o sexo pecaminoso ou ruim. Já no Oriente, onde se estuda muito o Tantra, a natureza sagrada da sexualidade e o modo como a nossa espécie se relaciona com a natureza, a prática do sexo é encarada de uma forma mais natural e leve.

Quando falo de sexualidade, não estou me referindo à promiscuidade (que é um desequilíbrio), mas da sexualidade saudável, que conecta os chacras e nos abastece de luz. A sexualidade, quando unida à espiritualidade, preenche a alma, pois, ao conectar os seus chacras com os do seu parceiro(a), você consegue chegar a um estado de luz ainda maior. Então esqueça os tabus e preconceitos e busque sempre autoconhecimento para poder desfrutar das maravilhas de uma vida sexual iluminada.

FIBROMIALGIA

A fibromialgia é uma doença muito recorrente, cuja incidência cresce a cada ano, inclusive entre os jovens, causando dores musculares muito intensas e afetando o sistema nervoso central e periférico. De acordo com a psicossomática, a fibromialgia surge em pessoas com excesso de responsabilidade, que carregam o mundo nas costas, pois elas sentem a vida como um doloroso fardo. As dores da fibromialgia normalmente revelam sentimentos de culpa e de solidão, e com frequência quem sofre desse mal apresenta um estado de aprisionamento em alguma situação (mal resolvida) de vidas passadas.

Muitos casos que atendi com regressão a vidas passadas pelo método da Psicoterapia Reencarnacionista, eram de pessoas que estavam presas ou soterradas, com pedras ou um grande peso sobre o corpo. Na maioria das vezes as situações de vidas passadas são desencadeadas no momento presente e, embora não tenhamos uma lembrança clara na memória, as sensações são muito presentes porque estão gravadas em nossa memória celular e no DNA espiritual, e é por isso que muitas vezes as pessoas começam a sentir dores terríveis e não sabem de onde elas vêm. É muito normal que os exames de rotina dos doentes de fibromialgia estejam todos normais.

Muitas pessoas com fibromialgia chegam a ter paralisia, não conseguem se levantar, caminhar e ficam travadas, justamente como estavam na situação da vida anterior. Então, a regressão com um terapeuta sério – e eu recomendo o método da Psicoterapia Reencarnacionista – ajuda muito nos casos de fibromialgia.

Outra recomendação para quem sofre de fibromialgia é participar de uma iniciação de Reiki ou de alguma técnica de cura pelas mãos, porque a fibromialgia também está associada à energia parada, que não circula.

O conselho da psicossomática para quem sofre de fibromialgia é que abandone o sentimento de mártir, de salvador do mundo, e permita que as pessoas ao redor tomem as suas próprias decisões e façam o que precisa ser feito, mesmo que elas errem, pois precisam aprender com esses erros.

Quando queremos salvar o mundo, impedir o sofrimento das pessoas, de um filho ou dos nossos familiares, fazendo de tudo para que eles não cometam erros, estamos impedindo seu crescimento e evolução, e é justamente isso que aumenta o nosso carma. Quando você compreender que os erros das outras pessoas são necessários para que elas evoluam, vai começar a ajudá-las, soltá-las, permitir que vivam as suas vidas. E então viverá a sua, e as dores da fibromialgia começarão a diminuir.

Algo bem frequente é que as pessoas que sofrem com a fibromialgia normalmente são pessoas visionárias, vivem à frente do seu tempo, e a dor que sentem muitas vezes é causada porque ela já enxerga um futuro que as demais pessoas ainda não percebem. Portanto, **se você sofre com essa doença, use essas características visionárias para observar e melhorar a sua vida e deixe de se preocupar tanto em controlar os outros.**

GASTRITE

A gastrite surge quando há ira e raiva muito fortes, acompanhadas de estresse emocional. Ter um excesso de emoções viscerais (medo, mágoa, raiva, ansiedade, paixões obsessivas, etc.) por muito tempo produz no cérebro substâncias nocivas que desestabilizam a química estomacal. Nesse processo, há uma produção exagerada de suco gástrico, que acaba por corroer as paredes do estômago, causando a gastrite.

O conselho para quem sofre de gastrite é a busca de um caminho de harmonia, respeitando a si mesmo e as outras pessoas, mesmo que suas opiniões sejam divergentes. Pratique diariamente exercícios de meditação e relaxamento e procure "esfriar" o seu temperamento para que você consiga vivenciar momentos de prazer e plenitude em sua vida.

INFECÇÃO NA BEXIGA

A infecção na bexiga surge quando existe choro reprimido por muitos anos. A bexiga representa o líquido, a água que circula em nossa vida. É ali que é depositada a urina, a parte filtrada pelos rins que descartamos justamente porque não vamos aproveitar. A bexiga está associada à palavra suportar. Quando a pessoa está suportando a vida, vivendo no limite do estresse, tem problemas na bexiga.

Com a reforma íntima e o autoconhecimento, você pode encontrar força e coragem interior para fazer as mudanças necessárias que o levarão à felicidade. Busque ajuda nas terapias naturais, na yoga e nos tratamentos alternativos para reencontrar a sua força interior capaz de sanar qualquer mal.

INSÔNIA

A insônia surge quando há uma preocupação exagerada com o amanhã. A pessoa não consegue dormir porque entende que isso é perda de tempo, que poderia estar fazendo alguma coisa útil e produtiva. Normalmente esse comportamento está associado à falta de confiança no futuro e autocobrança exagerada. O que acontece também é que o sono varia muito de uma pessoa para outra. Alguns precisam dormir 9 horas, outros 8, e, para alguns, 5 horas são suficientes. Se você dorme pouco, mas com qualidade, alivie essa cobrança de ser igual aos outros, porque você pode nem sofrer de insônia. Já vi muitos casos de pessoas que se cobram 8 horas de sono, mas, para ela, o normal é dormir 5. Se você se sente bem com 5 horas de sono de boa qualidade, está satisfeito, acorda bem disposto, está feliz, então está tudo bem.

Mas se você vive cansado, não tem qualidade de sono e sofre de insônia, o tratamento é bem-vindo, principalmente no que diz respeito a não se cobrar demais e ter paciência para esperar o dia de amanhã chegar enquanto você dorme. Às vezes a pessoa não dorme de tão excitada e hiperativa que fica. Procure técnicas de relaxamento e, aos poucos, vá praticando o autoconhecimento. Você precisa conhecer seus horários também, precisa conhecer melhor o seu corpo e se adaptar a ele.

HIPERINSULINEMIA

O nome é complicado, mas a definição é simples: hiperinsulinemia nada mais é do que a insulina alta. A pessoa está sempre com as doses de insulina acima do normal. Seria o contrário de um diabético, que não tem estabilidade na insulina, produz pouco ou nada.

Essa doença está associada as pessoas que exageram em tudo: nos gestos, na fala, no jeito de se expressar, nas histórias. São as pessoas que podemos chamar de catárticas, que vomitam a vida, por não conseguirem chorar com lágrimas, mas com uma enxurrada de emoções, pois externalizam muito o seu lado emocional. Normalmente riem alto demais, choram alto demais, comem demais, falam alto demais, tudo é intenso, uma verdadeira tempestade humana.

Tratar a carência é uma sugestão para esses casos, porque esse comportamento catártico existe com o objetivo de despertar a atenção dos outros. Você não precisa chamar atenção de todos o tempo inteiro. **Procure se interiorizar e buscar a paz dentro de si mesmo, procure treinar a discrição e não chamar a atenção o tempo todo.** Lembre-se que tudo o que está presente em nosso corpo é energia, e quando você estabilizar o seu comportamento a insulina também se estabilizará.

LABIRINTITE

A labirintite revela medo, pensamentos atrapalhados, nervosismo reprimido, efeito de um golpe emocional, necessidade de liberdade para pensar e agir, confusão e desorganização mental.

Um bom conselho para quem sofre de labirintite é permitir que os medos sejam liberados, pois não é vergonhoso sentir medo. Vergonhoso é se acovardar, mas se você tem um medo e o enfrenta, então podemos dizer que é corajoso. Coloque esse medo para fora, deixe-o sair.

Quando aceitamos e encaramos nossos medos, uma nova realidade se descortina diante de nós. Acredite que a sua felicidade só depende de você e do seu comportamento.

Procure terapias naturais como o Reiki, a Fitoenergética, a Terapia Holística, a yoga, a meditação para aprender a organizar os seus pensamentos e ideias de forma a dar vazão à sua criatividade, pois isso ajuda a lhe trazer uma melhor orientação sobre a vida e, naturalmente, você se sentirá mais equilibrado.

MAL DE ALZHEIMER

O Mal de Alzheimer ocorre em pessoas muito teimosas, rígidas e controladoras que insistem em não aceitar a vida como ela é. A vida possui uma energia que nem sempre torna possível que as coisas sejam como nós queremos, e essa falta de aceitação e tolerância, que desvia o curso natural das coisas, traz o Mal de Alzheimer.

A pessoa que tem tendência a desenvolver o Mal de Alzheimer é aquela que passou a vida tentando controlar os outros e, como não conseguiu, acabou acumulando sentimentos de raiva e de frustração. O desenvolvimento da doença, mesmo de forma inconsciente, acaba tendo esse efeito de controlar a vida dos outros, porque, quando a pessoa adoece, consegue manter todos reunidos a sua volta.

Devido às suas frustrações e contrariedades, o doente de Alzheimer acha a vida tão ruim que, mesmo inconscientemente, prefere esquecê-la. Se você tem uma idade mais avançada e não sofre de Alzheimer, uma boa prática preventiva é procurar terapias naturais que tratem orgulho, aceitação, humildade, tolerância e flexibilidade, além de atividades que estimulem o raciocínio e o pensamento lógico.

MAL DE PARKINSON

O Mal de Parkinson normalmente surge em pessoas que não aceitam a realidade, e os comportamentos que geram essa doença são muito semelhantes aos que geram o Mal de Alzheimer. No caso do Mal de Parkinson, são pessoas que têm medo de lidar com o mundo real, com problemas de contato, toque, carinho, pois não são muito afetivas. O Mal de Parkinson revela uma falta no fluxo de doar e receber afeto e acomete as pessoas com ideias fortes, rígidas, que, ao longo da vida, precisam aceitar que a realidade é diferente do que foi planejado.

Para quem sofre de Mal de Parkinson, o ideal é elaborar um plano de vida com equilíbrio entre atividade interna e atividade externa, entre doar e receber, respeitando o fluxo da vida e compreendendo que nem sempre temos o controle das coisas.

OLHOS E PROBLEMAS DE VISÃO

Os problemas nos olhos e de visão surgem quando a pessoa está atravessando um momento de cegueira consciencial, quando a mente não consegue ter um alcance real do que está acontecendo ou quando o indivíduo prefere "tapar o sol com a peneira", negando a realidade.

Ocorre também quando a pessoa não quer enxergar a realidade dos fatos e deseja colocar "panos quentes" para disfarçar, fazendo de conta que as coisas não estão acontecendo, para viver num mundo de aparências.

> **Quem sofre de doenças nos olhos, cria um mundo particular e ilusório. Essas pessoas preferem viver nesse ambiente seguro que elas criaram em vez de viver no mundo real, que muitas vezes é cruel.**

Quando negamos a realidade e não queremos enxergar o que está bem na nossa frente, se desencadeiam os problemas de visão. As pessoas que pensam que a vida é uma novela, que vivem no mundo da lua, podem ter problema de miopia, porque sofrem de uma miopia consciencial.

Um bom conselho para quem sofre de miopia é focar no seu desejo de ver a verdade, por mais difícil e dolorosa que ela possa parecer. Desenvolvendo essa coragem, a ilusão se dissipa e você consegue enxergar a verdade que vai libertar seu corpo de qualquer doença ocular. **O pior cego é aquele que não quer ver,** como diz o velho ditado popular.

O que você está negando na sua realidade? O que você não quer enxergar?

OSSOS

Os ossos representam a estrutura da vida, o que nos mantém firmes e fortes. Os problemas começam a surgir quando rompemos algo que está relacionado à nossa estrutura, quando não temos forças para ficar de pé.

Os problemas nos ossos também surgem quando você não entende qual é o seu lugar no mundo, quando se sente perdido na Terra, não sabe para onde ir, como se não tivesse encontrado ainda o seu propósito. Muitas vezes, a falta de compreensão acerca do nosso papel é que nos confunde na busca da nossa missão e propósito.

Então preste muita atenção, tome muito cuidado com os seus papéis na vida. Se você é mãe de alguém, precisa fazer o papel de mãe – você não é amiga ou tia, tampouco pode fazer o papel do pai ou de irmão; você é a mãe.

Pais precisam ser pais, mães precisam ser mães, avós precisam ser avós, porque quando saímos do nosso papel e tentamos ser aquilo que não somos, os problemas nos ossos começam a aparecer, porque a estrutura de vida está fragilizada.

A rebeldia e resistência à autoridade também gera problemas nos ossos. Quando um relacionamento chega ao fim com desentendimentos, normalmente isso acontece porque os papéis não estão bem desempenhados, então rompe-se a estrutura que o relacionamento deveria ter.

Um bom conselho é ser mais flexível quando receber ordens e procurar compreender o lugar que você ocupa no mundo, o seu papel e o que você precisa ser.

A inversão de papéis não faz bem para a sintonia cósmica, para o sistema que rege o universo. O universo é formado por um sistema de leis naturais que rege tudo o que existe com mecanismos de compensação altamente evoluídos, num fluxo e refluxo de dar e receber. Quando interferimos nesse sistema e nessas leis, sofremos as consequências das nossas ações.

**Procure respeitar as leis universais
e ocupar o seu papel no mundo, o seu lugar.**

Tente eliminar a agressividade da sua vida, buscar a paz interior, respeitar o espaço alheio e responder calmamente o que lhe perguntam, de forma alegre e cordial, mesmo que seja uma pergunta que você considere boba ou fútil. Responda de acordo com o que você sabe. Você não precisa saber tudo, pode simplesmente dizer "não sei".

Lembre-se que ser gentil e cordial é um excelente antídoto não somente para os ossos, mas para a vida.

PEDRA NA VESÍCULA

Como nós já vimos, de um modo geral, os cálculos são ideias rígidas, condensadas, guardadas, que não gostaríamos de revelar a ninguém. Essas ideias e assuntos muitas vezes desagradáveis, que nós procrastinamos e deixamos para resolver no futuro, acabam se transformando em pedras.

É como se você pensasse: "Tenho um problema muito sério, mas não quero mexer nisso agora, então vou levando, empurrando com a barriga". Você reserva e guarda isso dentro de si. Essa energia fica ali latente e, como o universo se movimenta através da compensação de energias, um dia o corpo vai entender que é necessário resolver – em forma de cálculo renal ou biliar (na vesícula). **Esse é um processo muito doloroso, que vale a pena evitar fazendo reforma íntima.**

A pedra na vesícula, especificamente, acontece quando nós nos sentimos sobrecarregados e sem reconhecimento. Esse problema surge para quem carrega frustrações, pela redução do prazer de trabalhar e também quando a pessoa tem muita amargura profissional, quando ela está fazendo alguma coisa de que não gosta por muitos anos. Pessoas que comem muita gordura também têm tendência de acumular cálculos biliares.

Mas esse comportamento em geral também tem origem em conflitos internos que precisam ser resolvidos, emoções que precisam ser curadas.

Uma boa dica para quem sofre de cálculos na vesícula é se desarmar. Saia da posição defensiva e pare de buscar conflitos. Pare de gerar atritos com as pessoas ao seu redor, abandone as encrencas, porque isso pode se tornar um vício. Existem muitas pessoas viciadas em encrenca, parece que precisam estar sempre envolvidas em alguma briga com alguém, ter um algoz, um inimigo, alguém que a magoou, que a feriu – isso mostra a necessidade de ter razão sobre absolutamente tudo.

Procure mudar seu ponto de atração e ter uma vida mais leve, fazendo o que você realmente ama. É insuportável trabalhar uma vida inteira fazendo o que você não gosta, então, se preciso for, tome uma grande dose de coragem para fazer as mudanças necessárias para a sua vida deslanchar.

PEDRAS E CÁLCULOS EM GERAL

Normalmente ocorrem em pessoas que acreditam que o futuro é difícil e cheio de pedras e obstáculos pelo caminho. As pedras caracterizam as pessoas que estão sempre armadas, cheias de pedras nas mãos, para se defenderem das guerras da vida.

São pessoas que vivem na defensiva, acreditando que alguém vai atacá-las, por isso estão sempre prevenidas, prontas para o combate.

Uma boa dica é: desarme-se!
Acredite num futuro harmonioso.

> Por que não acreditar que tudo
> vai dar certo, ser bom e fluir na sua vida?
> Dá o mesmo trabalho, acreditar ou não acreditar!

Elimine a reclamação da sua vida de uma vez por todas, abandone o vício de reclamar. Em todos esses anos de terapia, conheci pessoas muito dedicadas em parar de reclamar, que tentavam ser mais gratas e eliminar a reclamação das suas vidas, e era muito difícil, porque a reclamação é um vício muito forte. A reclamação vicia tanto quanto uma droga pesada, e a pessoa não consegue parar com esse comportamento.

Esse é um vício que pega muitas pessoas, de uma forma muito séria. Reclamamos sem nem perceber, muitas vezes só para ter assunto com alguém em uma fila de farmácia ou padaria. Evite a reclamação, tente utilizar palavras mais doces, seja mais gentil com as pessoas, tenha mais paciência com os outros. Busque o amor em seu coração, largue as pedras que você tem na mão para atacar alguém.

Jogue essas pedras fora, e saia dessa posição de defesa, entregue-se mais e seja mais romântico em relação à vida. A palavra "romântico" faz bem para quem tem pedras, pois a dureza diante da vida esconde o lado bom, as paisagens bonitas, árvores ou borboletas coloridas, e infelizmente a pessoa só enxerga que está no meio de uma batalha e que, a qualquer momento, ela pode ser atacada e precisará se defender; e é exatamente isso que debilita a saúde. **Até as situações mais difíceis possuem um lado positivo, pois é delas que surgem os grandes e melhores aprendizados da vida.**

PELE – DOENÇAS EM GERAL

As doenças de pele estão associadas aos nossos segredos mais profundos, aqueles que temos vergonha de revelar, que não contamos para ninguém. Sempre que tentamos escondê-los, a energia precisa aparecer, se revelar, e acaba se manifestando como doença de pele, para que seja impossível de esconder. As doenças de pele também estão ligadas à vaidade excessiva e ao medo do envelhecimento.

Uma boa dica é fazer terapia para que haja a compreensão de que somos perecíveis e impermanentes. Quem tem doenças de pele precisa aprender a viver no presente. Entender que a pele não é para sempre, que um dia vai acabar, desaparecer. Não somos eternos e só estamos aqui por uma breve temporada. Claro que você deve cuidar bem da sua pele, se arrumar, ser vaidoso, mas não de forma excessiva.

Procure transmutar a energia dessas coisas veladas que existem dentro de você. Revelar esses segredos profundamente guardados a alguém de sua confiança ou escrever sobre isso vão ajudá-lo muito.

PRESSÃO ALTA

O coração representa o sentimento de posse e perda, posse e perda, posse e perda. Isso acontece pelo fluxo e refluxo dos nossos batimentos cardíacos, que é o tum, tum tum, tum, tum tum. Ou seja, o batimento cardíaco traz essa constância do eu tenho, não tenho mais, eu tenho, não tenho mais. E é aí que se caracteriza a posse e a perda, a posse e a perda, nesse fluxo contínuo de dar e receber. O próprio pulsar cardíaco é uma posse e uma perda. A inspiração e expiração também.

Os grandes gurus do yoga dizem que a cada expiração nós temos uma pequena morte, ou seja, por que o tempo passou e você está mais perto do fim. Segundo os grandes gurus da yoga, ao inspirar você leva vida para dentro de você, e ao expirar você está soltando a vida de dentro de você, e por isso o sentimento de posse e de perda está muito presente no nosso coração.

Quando a pressão está muito alta, é um sinal que indica competitividade excessiva, ou seja, a pessoa não sabe perder as batalhas da vida e guarda problemas emocionais mal resolvidos. Quando há um desequilíbrio nessas funções, de ter e não ter, posse e perda, fluxo e refluxo, justamente como é o movimento cardíaco, a pressão se descontrola.

Uma boa dica para quem tem problema de hipertensão, além é claro de uma alimentação saudável, com pouco sal, é buscar o relaxamento, e compreender que na vida (com exceção do nosso espírito) tudo é impermanente, tudo um dia vai acabar, e que nem nosso corpo físico nos pertence. Contemplar a impermanência e a finitude de todas as coisas ajuda a aplacar o sentimento de posse.

Praticando esse desapego, equilibramos as nossas funções cardíacas e a nossa vida.

Solte os problemas, não adianta se preocupar. Problemas são solucionados com coragem, enfrentamento, ação e não com preocupações. As ações resolvem problemas, mas de forma ponderada, pensada e medida.

De nada adianta você ficar com a pressão alterada, nervoso, estressado, porque isso não vai ajudar em absolutamente nada. O que ajuda a resolver problemas é a ponderação, colocar a cabeça para funcionar e encontrar uma solução, com a ajuda dos mentores espirituais e seres iluminados.

PROBLEMAS DE COLUNA

Quando a carga da vida está muito pesada ou quando a pessoa carrega a responsabilidade de sustentar a família nas costas, surgem os problemas de coluna. É como se a pessoa carregasse o mundo inteiro sobre si. Se essa situação está acontecendo com você, comece a organizar a sua vida. Para que você comece um processo de organização interna, é necessária uma organização externa. Quando isso acontecer, você começará a entender onde está.

Por isso, organize gavetas, armários, tudo o que tem em casa e no trabalho. Faça uma boa triagem e comece a descartar ou doar tudo o que você não usa mais. **Muitas vezes, é a energia acumulada dentro de casa que gera os problemas de coluna**. Organizando e aliviando fisicamente a sua estrutura de vida, você sentirá leveza na alma, que aliviará as suas dores. Evite acumular objetos e coisas das quais você não precisa.

Atualmente já existem até séries de TV sobre os acumuladores, que são as pessoas que juntam uma enormidade de cacarecos em casa porque acreditam que um dia vão precisar, até que não consigam mais transitar pela casa. Toda essa sobrecarga física e emocional acaba pesando sobre a coluna, revelando todo o apego que precisa ser tratado para que a coluna pare de sofrer.

Desapegue-se, organize tudo e torne sua casa bem funcional, deixando somente o que você usa e precisa, assim sua coluna só vai carregar o que é necessário, sem sobrecargas.

PROBLEMAS NA TIREOIDE

Os problemas na tireoide estão intimamente ligados ao desequilíbrio da autoestima. Tanto o hipotireoidismo quanto o hipertireoidismo têm relação com aquilo que nós somos, o que nós transferimos para o mundo e a impressão que temos de nós mesmos. Quando uma pessoa atinge um estado mental no qual se sente inferior aos outros, humilhada por qualquer motivo, ela deixa de ser otimista, e a tireoide se desequilibra. **Antes de mais nada, a cura é uma decisão – e só você pode tomá-la.** No momento em que você decide ter uma fisionomia mais alegre, mais iluminada, só fala e pensa em coisas positivas, tem bons desejos para a sua vida, a cura começa a acontecer.

O conselho que costumo dar para quem tem problemas de tireoide – seja hipotireoidismo, seja hipertireoidismo –, é rir mais. **Quando alguém lhe disser alguma coisa negativa, não dê tanta importância assim. Entenda que é apenas a opinião de uma pessoa, pois cada um é livre para se expressar no mundo.** Você não concorda e está tudo bem. Não leve as coisas tão a sério, nem para o lado pessoal. Liberte as pessoas, permita que elas pensem e sintam o que quiserem e cuide mais de você, da sua vida.

**Busque motivos para amar a tudo e a todos
– a si mesmo, as pessoas, os animais,
a natureza e o seu próprio ciclo respiratório.
Isso é muito importante!**

Existe toda uma relação que associa a tireoide com comportamento e estrutura do corpo físico. Normalmente percebemos que as pessoas com hipotireoidismo são mais quietas, engolem "sapos", não conseguem transmitir pela voz tudo aquilo que gostariam de dizer, e as pessoas com hipertireoidismo falam demais e muito rápido, "vomitam" as palavras em cima das pessoas, não deixam ninguém mais falar. Em geral, são pessoas muito magras, porque liberam muita energia na voz, têm o metabolismo muito acelerado, por isso que falam tão rápido e são tão dinâmicas.

Já as pessoas com hipotireoidismo represam muita energia, guardam muita coisa e acabam engordando. Os "sincericidas", aqueles que dizem: "Eu falo mesmo, eu sou sincero, o que eu tenho pra dizer eu digo na lata, eu já ponho tudo pra fora", geralmente possuem hipertireoidismo. Só que existem consequências. O mundo ao redor delas murcha. Elas falam tudo que pensam, tudo que querem, e acabam ficando sozinhas, porque o convívio fica muito difícil.

Não é saudável estar em nenhum dos dois extremos. Saudável é ter equilíbrio, expor todas as suas ideias com ponderação, amor, e com sentimento de ajudar os outros. Esse é o segredo para quem quer equilibrar a tireoide.

PSORÍASE

A psoríase é uma escamação que ocorre nas primeiras camadas da pele, deixando-a com uma aparência ressecada e cheia de rachaduras. Quem é acometido pela psoríase normalmente tem uma rejeição muito forte por qualquer tipo de autoridade. É uma pessoa rebelde, que não aceita receber ordens, o que acaba se revelando na pele. Trata-se de uma pessoa irritadiça, sem paz para lidar com as diferenças, sem paciência para a diversidade, que cria as próprias regras, as próprias leis, e gostaria que todo mundo as cumprisse. É uma pessoa que tem uma postura ditatorial e autoritária, que detesta ser intimidada ou limitada em suas ideias.

A pele, que é o nosso maior órgão, precisa de uma pessoa mais dócil por trás dela para que haja a remissão da psoríase. Quando a pessoa demonstrar mais docilidade e menos autoridade, a psoríase começa a desaparecer. Experimente ser mais bem-humorado e aceitar as opiniões dos outros com comportamento de aluno, como se pudesse aprender com eles, mesmo que considere suas opiniões ruins, mesmo que não concorde.

Escute com atenção e sinta-se feliz por ter aceitado que pessoa desse sua opinião. Sempre aprendemos muito escutando as outras pessoas. **Este com certeza é um bom caminho para a cura da psoríase: ter mais humildade, baixar a guarda e interagir com os outros.**

REUMATISMO

O reumatismo acontece em pessoas que acumulam mágoas e ressentimentos por não conseguirem reagir alegremente aos fatos da vida. São pessoas duras, que acham a vida ruim, como se ela não merecesse o seu sorriso. Então, se fecham para a vida e para o mundo e acabam desenvolvendo essa doença.

De forma equilibrada, **aprenda a externar a sua opinião sobre todos os assuntos. É uma questão de treino! Você não precisa ser agressivo para falar o que pensa, para dizer tudo**

o que quer. Então deseje ser feliz e alegre em todos os lugares aonde for, e com certeza a vida lhe responderá com muita saúde.

SÍNDROME DO INTESTINO IRRITÁVEL

A Síndrome do Intestino Irritável (SII) ocorre em pessoas que estão com a serotonina em desequilíbrio, pois esse hormônio também conhecido como o hormônio do bom humor, atua tanto no equilíbrio mental quanto no intestinal. Pessoas deprimidas, tristes, e que não veem graça na vida têm maior chance de desenvolver essa doença.

O intestino está associado às saídas que encontramos na vida. Quando uma pessoa não consegue enxergar oportunidades e alternativas, os problemas de intestino se manifestam. Portanto **busque ajuda terapêutica para vislumbrar os melhores caminhos e opções para você.**

A vida é muito mais bela e leve do que aquela que você costuma enxergar. Procure ver o lado bom da vida, a natureza, se conectar com a sua essência, se integrar, porque assim seu intestino vai funcionar bem.

Intestino é fluxo, movimentação. Se você está com a sua energia parada, ele também para. Antigamente, nós vivíamos de acordo com os ritmos da natureza. Quando o Sol nascia, o homem acordava; quando o sol se punha, o homem ia dormir; e a alimentação era mais natural, sem tantos conservantes, agrotóxicos e industrializados. Atualmente, ficamos a maior parte do tempo ligados, estressados, conectados aos aparelhos eletrônicos, sem respeitar nossos ritmos, muitas vezes não respeitando sequer o tempo necessário para ir ao banheiro evacuar. Na era moderna tudo é tratado com muita pressa!

O intestino precisa de um trato natural e de conexão com nosso lado mais primitivo, além de uma alimentação equilibrada, hidratação, sono regular e respeito aos nossos ciclos naturais. Respeitando essas leis naturais e fundamentais para a nossa existência, seu intestino será muito saudável.

SÍNDROME DO PÂNICO

Na visão da psicossomática, essa doença está associada ao ventre da mãe que passou por uma gravidez muito difícil, complicada, com brigas e traumas fortes. Se durante a gravidez ocorreram brigas intensas entre os pais, além de escutar tudo o que foi dito, a criança sente o impacto da energia de agressividade e violência, gerando um medo terrível, pois a alma se sente desamparada, como se não fosse bem-vinda neste mundo.

A criança sente que está para chegar em um ambiente de muita hostilidade, e quando essas brigas acontecem porque a criança é rejeitada por um dos pais, ela pode desenvolver a síndrome do pânico já na barriga da mãe.

Na visão reencarnacionista, essa doença está associada a traumas muito fortes vividos em existências anteriores. Quando a síndrome do pânico se manifesta, a pessoa se encontra distante da sua natureza e missão de alma, e muito presa a terríveis dramas do passado.

Vamos supor que você tenha quatro vidas passadas traumáticas, que tenha morrido caindo de penhascos ou de lugares muito altos. Essas informações estão armazenadas em sua aura. O trauma é tão terrível que a informação de medo de altura o atormenta até hoje. É uma sensação tão intensa que você costuma dizer: "é mais forte do que eu, não consigo me controlar." E quando você se aproxima de um penhasco ou de algum lugar alto, sente muito medo de cair, tem vertigens, tonturas, formigamento na sola dos pés e falta de ar, porque essas informações estão gravadas na sua alma. Então, quando procura ajuda médica, é diagnosticado com síndrome do pânico.

Essa é uma doença que varia muito de pessoa para pessoa. Algumas desenvolvem pânico de algo específico, como medo de altura. O pânico, segundo a metáfora do mitológico Deus Pã, que é o Deus da natureza, é como "atravessar a floresta da vida na escuridão".

A remissão acontece quando aceitamos a nossa própria natureza, e tomamos a decisão de optar pela luz. Quando você aceita a luz, ela vem para a sua vida, e assim você não vai mais ter que atravessar a floresta na escuridão, vai ter luz no caminho, porque tomou a decisão de sair dessa síndrome, desse medo.

Procure um bom psicoterapeuta, que trabalhe com vidas passadas, faça regressões com alguém de sua confiança, ou aplique a técnica do Aparelho Transmutador Fitoenergético (ATF), que ajuda a dissolver Personalidades Ressonantes Ativas de Vidas Passadas (PRAs).

As PRAs ficam nos rondando nessa vida, como um holograma, uma impressão energética que gravita ao nosso redor a fim de nos mostrar o que precisamos resolver. Isso acontece pelo simples fato de que tudo que foi adquirido na Terra só pode ser dissolvido aqui na Terra.

O carma de vidas passadas, adquirido na Terra, só pode ser dissolvido aqui, por uma questão de compatibilidade energética com a densidade necessária para que nossas emoções, pensamentos e sentimentos inferiores possam aflorar, se manifestar e finalmente serem limpos e transmutados.

E é só no momento presente que temos a condição de dissolver esses medos e fobias que nos acompanham há tantas existências. Encare o seu carma com coragem, determinação, e sempre **invista no seu desenvolvimento pessoal. Não há nada mais importante nesse mundo do que cuidar da sua energia.**

SOLUÇO

O soluço flui pela nossa garganta e está associado ao quinto chacra, que é o nosso centro de expressão e de materialização da realidade.

As pessoas com muita dificuldade de expressar suas ideias ou com a mente muito confusa e indecisa costumam soluçar. É como se estivessem envergonhadas ou inseguras com a sua expressão e com as suas ideias, então a voz tranca com o soluço.

Você não precisa sentir vergonha do que pensa e sente. Tudo pode ser dito e expressado, desde que seja com delicadeza e equilíbrio. Sempre que você for dizer alguma coisa para alguém, fale no intuito de ajudar, mesmo se precisar dizer que a pessoa errou. "Você errou comigo, podia ter feito melhor". Dá para falar tudo o que você quiser, desde que espere passar o calor da emoção. Não seja agressivo, espere a poeira baixar, se acalme, e depois fale.

Experimente dizer o que pensa com calma, leveza e sabedoria e você vai parar de soluçar.

SUDORESE

A sudorese é uma doença quando a pessoa sua exageradamente, mesmo em ambientes refrigerados. Ela revela o medo que temos de enfrentar os acontecimentos da vida e as autoridades.

O suor excessivo é uma reação química produzida por um medo secreto, um mecanismo para expor esse medo de uma outra forma. Revela também uma fragilidade, uma dependência emocional muito grande, quando a pessoa enfrenta a vida com muita agressividade e sem paz interior.

Quem sua demais precisa treinar a tranquilidade no trabalho e é aconselhável a prática de técnicas de relaxamento, como meditação e yoga.

A remissão acontece quando aceitamos as nossas escolhas com amor, e quando paramos de culpar as outras pessoas, assumindo a responsabilidade pelos nossos atos. Portanto, lembre-se sempre de que a responsabilidade daquilo que acontece na sua vida é exclusivamente sua, tanto das boas quanto das más ações.

TRANSTORNO BIPOLAR

Nos meus anos de consultório, atendi muitas pessoas que sofriam de transtorno bipolar. Muitas delas já usavam medicação e passavam seus dias dormindo, deprimidas, e em outras épocas ficavam pulando de euforia, fazendo faxina, lavando azulejos de madrugada, correndo na esteira durante horas. Os bipolares passam por períodos de muita depressão e outros de muita euforia. Esse desequilíbrio é chamado de transtorno bipolar porque a pessoa oscila de um oposto a outro muito rapidamente.

Vi a remissão do transtorno bipolar acontecer em mais de 90% dos casos, com tratamento de vidas passadas.

E isso acontece porque a pessoa oscila entre a vida presente e uma ou mais vidas passadas. É um desequilíbrio capaz de fazê-la transitar entre as duas vidas repentina e repetidamente. O trauma da vida passada é tão presente que a pessoa se descaracteriza e não sabe direito quem é. Ela não sabe se é essa pessoa de agora ou aquela pessoa do passado. Dessa forma, duas personalidades podem se manifestar, como se ela fosse duas pessoas diferentes, que ora se comporta de um jeito, ora de outro.

Um terapeuta de regressão qualificado pode contribuir nesses casos, ajudando o consultante a se desligar dos fatos traumáticos de vidas passadas. Se você sofre com isso, procure um profissional competente para tratar seus traumas e emoções de vidas passadas. Assim, você poderá ressignificar esses sentimentos. Você está encarnado para viver essa vida presente e não para ficar sintonizado em um emaranhado de emoções confusas que o perseguem há milênios.

Você pode limpar o passado e se sintonizar de uma vez por todas nessa vida, vivendo o momento presente. Embora a Medicina oficial trate o transtorno bipolar como algo que não pode ser curado, por se tratar de uma deficiência na produção de lítio – que realmente ocorre, por conta da nossa incapacidade energética de manter as glândulas funcionando em equilíbrio –, se você quiser conquistar a remissão do transtorno bipolar, vai precisar ampliar seus horizontes e abrir a sua mente, indo tão fundo nessa questão a ponto de mergulhar na sua alma e nas vidas passadas.

ÚLCERA

A úlcera é uma evolução da gastrite. Primeiro a gastrite se manifesta, depois evolui para uma úlcera, caso você continue mantendo o mesmo comportamento.

Essa doença tem origem nos sentimentos de raiva, ansiedade e medos muito intensos. Quando a pessoa tem medo de tudo, quer controlar tudo, sente muita raiva, a úlcera se instala e literalmente corrói as paredes do estômago, por meio da produção excessiva de suco gástrico.

As pessoas muito medrosas, quietas, que não expõem os seus sentimentos, não falam, são aparentemente calmas e equilibradas, têm maior propensão a desenvolver essa doença, porque dentro delas existe um vulcão emocional prestes a explodir. Essa energia reprimida precisa ser direcionada para algum lugar, e as explosões ou erupções começam a acontecer dentro do estômago. Procure se acalmar e compreender que a vida é como uma dança, e você pode passar por ela com leveza. Não é com agressividade, raiva, estresse, que você vai ser feliz. Como nunca sabemos se amanhã estaremos vivos, o jeito é ser feliz hoje, com o que temos a nossa disposição. "Mas eu não tenho a casa dos meus sonhos, o carro dos meus sonhos, o corpo dos meus sonhos", você pode pensar.

> **Seja feliz assim mesmo, porque, se deixar para ser feliz amanhã, talvez você já nem esteja mais aqui.**

A dica para quem tem úlcera é ficar mais "relax", "zen", calmo, centrado e com a confiança de que, no futuro, tudo vai dar certo.

VARIZES

As varizes estão associadas a problemas de circulação e a uma revolta quando a pessoa é sobrecarregada, **sente que está levando, nas costas ou nas pernas, um fardo que não deveria carregar.** Muitas vezes, a mãe solteira – que precisa assumir o sustento de toda a família, ser pai e mãe ao mesmo tempo, cuidar da casa e dos filhos sozinha, porque o marido foi embora ou porque foi preso –, acaba desenvolvendo varizes, porque sente um peso muito grande sobre si.

É uma responsabilidade enorme, uma sobrecarga de ter que trabalhar, educar os filhos e dar conta de tudo sozinha. Às vezes, a pessoa não tem nada disso em sua vida, nenhuma carga muito grande, mas se cobra muito. Ela põe um peso enorme sobre si mesma e acaba desenvolvendo as varizes por excesso de autocobrança.

Quando a pessoa vive numa situação que não suporta mais, porém não tem coragem de fazer a mudança de que precisa, as varizes surgem.

Isso pode ocorrer com quem está há muitos anos no mesmo trabalho, apenas por segurança, sem gostar do que faz. Pode ocorrer também com quem está num relacionamento de longo tempo e não tem coragem de romper.

As pessoas com varizes costumam se vitimizar e culpar os outros pela sua infelicidade. Elas dizem com frequência: "Eu sou infeliz porque o meu pai me batia", "Sou infeliz porque minha mãe me desprezou", "Sou infeliz porque meu marido não se comporta como eu quero". Não importa. A culpa nunca é delas.

O doente de varizes acredita que é obrigado a ficar onde está, sem força de reação. E a vida é movimento. O próprio problema já tem origem na má circulação. Como a vida é fluxo, precisamos circular. Quando a nossa energia fica parada, quando não nos movimentamos, as varizes vêm.

Uma pessoa que tem varizes não está afinada com os ritmos universais, pois o fluxo da vida continua se movimentando, e ela fica parada.

Quem não circula e não se movimenta adoece, não só de varizes, mas de outras enfermidades que podem surgir. O universo tem um ritmo, os planetas estão em expansão, as estrelas estão em movimento, o Cosmos está funcionando, as correntes marítimas estão se movendo, os ventos estão soprando, tudo está em constante transformação. As nossas células estão se renovando o tempo todo e, se nós ficamos parados no mesmo lugar, com ideias e movimentos estagnados, a doença vem. A remissão das varizes acontece quando a pessoa cria coragem para mudar, agir, enfrentar e resolver seus problemas, ou quando elimina a reclamação e começa a desenvolver a gratidão, assumindo a responsabilidade pelos seus atos.

Uma boa dica é **parar de colocar a culpa nos outros, entendendo que aquilo que acontece com você, se dá pela lei da atração, foi você quem atraiu, foi você que escolheu e produziu. Não culpe ninguém pelas escolhas que fez na vida e movimente-se, deixe sua energia fluir.**

CIBERDOENÇAS

As ciberdoenças são doenças reconhecidas pela Medicina oficial, que surgiram com o advento da internet e dos dispositivos móveis. Existem hoje milhares de pessoas que estão doentes e viciadas em internet. A seguir, vou mostrar **as oito doenças mais conhecidas**. Se você é terapeuta ou se tem filhos que são crianças ou adolescentes, preste muita atenção nessas doenças, pois elas já podem estar se manifestando – inclusive em você.

As ciberdoenças foram catalogadas pela Medicina oficial há pouco tempo. Normalmente, são um vício como outro qualquer, o que leva as pessoas a uma fuga da vida real, gerando uma espécie de insanidade, que as leva a crer que o mundo virtual é real.

Eu, particularmente, acredito que a maior insanidade é tratar essas ciberdoenças com medicamentos alopáticos, mas as clínicas especializadas pensam diferente e tratam esses transtornos com remédios, o que apenas distorce a percepção de realidade do doente, causando milhares de efeitos colaterais. Acredito nas terapias sérias, na reconexão do homem com a natureza, para que a pessoa possa se afastar – mesmo que temporariamente – do mundo virtual, e começar a se reconectar com a sua própria essência.

1. Síndrome do Toque Fantasma

A síndrome do toque fantasma acontece quando a pessoa escuta o celular tocar o tempo todo, mesmo que ele não esteja tocando. Ela sente necessidade de verificar o tempo inteiro, porque realmente escuta, mas quando olha, não há nenhuma notificação. Isso ocorre inclusive quando ela está dormindo. Acorda de repente, porque jura que ouviu o som de uma notificação. O cérebro também pode sentir a ilusão do *vibracall*, e a pessoa rapidamente vai checar o celular sem ele ter tocado de fato.

Isso acontece tantas vezes que a pessoa começa a achar que está doida e vai procurar ajuda médica. Normalmente, os doentes que sofrem com a STF apresentam dores de cabeça muito fortes. Essas são reações físicas muito intensas e é justamente por isso que a STF foi catalogada como doença. O número de pessoas que vivem essa situação sofreu um aumento alarmante, principalmente nos Estados Unidos.

2. Nomofobia

Nomofobia é como se fosse uma sigla de *no mobile phobia*, que vem do idioma inglês e significa "medo de ficar sem um dispositivo móvel". É a fobia de ficar longe do celular, *tablet* ou outro dispositivo que você possa consultar toda hora. Nesse caso, o celular precisa estar na mão do usuário o tempo inteiro, ou ao alcance dos olhos, para que a pessoa tenha certeza absoluta de que o aparelho está por perto.

Quando o doente vai tomar banho, por exemplo, tem a necessidade vital de deixar o celular à vista. Quando distante de seus telefones, os acometidos pela nomofobia sentem uma ansiedade quase enlouquecedora.

Diversas vezes, no cinema, vi pessoas sentadas na mesma fileira que eu com o celular na mão o tempo todo, para ter certeza de que ele estava ali. Eu olhava aquilo e pensava: "Nossa, será que ela não vai ver o filme?"

Os principais sintomas da nomofobia são vômitos, náuseas e desmaios quando a pessoa se separa do seu dispositivo.

Na Califórnia, mais especificamente no Vale do Silício, onde existe um grande polo de pessoas que trabalham com Tecnologia da Informação (TI), há clínicas que tratam especificamente a nomofobia.

3. Cybersickness – náusea digital

A náusea digital ou *cybersickness* é uma desorientação e vertigem causadas por novos ambientes virtuais. Essa doença ocorre quando a pessoa tem um celular de determinado modelo e mexe tanto nele que o cérebro se acostuma com aqueles ícones, naqueles lugares.

Se de repente ela decide trocar de aparelho, comprar um modelo mais novo ou de outra marca, com outros ícones, em outras posições, acaba ficando desorientada, porque seu cérebro é tão acostumado com a antiga configuração que a nova lhe causa uma espécie de pane.

A sensação é de que os ícones se movimentam sob o vidro do celular, causando náusea, vertigem, vômito e tonturas – até o cérebro se acostumar com o novo *layout* do aparelho.

O mundo virtual certamente veio para revolucionar e facilitar muito as nossas vidas, mas sempre fico impressionada com o nosso desequilíbrio ao lidar com ele.

4. Depressão de Facebook

Essa doença acontece quando a pessoa começa a comparar a sua vida com a dos outros, com base no que é postado no Facebook. Por exemplo, vamos supor que você tenha um amigo que coloque fotos lindas, de viagens pelo mundo, Oriente, Grécia, etc. A vida dele parece sempre linda, ele está sempre feliz, rindo, pois normalmente compartilhamos no Facebook apenas as coisas boas.

> **Então, você começa a ficar deprimido, porque a sua vida não é igual à dele. Você começa a se comparar, não chega a ser inveja, mas você se sente mal e julga que a sua vida é muito ruim, por não ter fotos tão lindas para postar.**

Como no Facebook, na maior parte das vezes, são postadas fotos de festas, viagens, férias e outros bons momentos, muitas pessoas tendem a achar que a sua vida é um lixo. Outro caso bem comum de depressão de Facebook é quando a pessoa posta algo e ninguém comenta ou curte. Com isso, ela se sente deprimida porque foi rejeitada na rede social. Ninguém a validou. Quando as pessoas não curtem algo que ela postou e julgou muito importante, uma grande tristeza começa a surgir. **Isso só revela a nossa carência e nosso vazio existencial, por precisarmos da aprovação dos outros para nos sentirmos felizes.**

O nome oficial dessa doença é "depressão de redes sociais", mas se popularizou como depressão de Facebook porque essa é a rede social mais conhecida do mundo.

5. TDI – Transtorno de Dependência da Internet

O TDI acontece quando há um uso excessivo e irracional da internet que interfere muito nas atividades cotidianas. Por exemplo, a pessoa acha que tomar banho é uma perda de tempo, porque durante esse período não estará conectada à internet.

Se vai para um lugar onde não tem internet, ela passa mal, vomita, tem dor de cabeça, tontura, surtos, fica agressiva, nervosa – tudo isso porque precisa ter certeza de que está conectada e que não está perdendo nada que esteja acontecendo na internet.

O TDI leva a um processo de fuga, no qual a pessoa se vicia em jogos on-line, de azar, em sexo, levando-a a um processo irreversível de ansiedade social.

Se alguém propõe ao doente passar alguns dias num lugar sem conexão, como no campo ou na mata, tomando banho de cachoeira, ele não aceita de jeito nenhum, porque a conexão com a internet é uma espécie de oxigênio para ele.

6. Vício em jogos on-line

Quando uma pessoa vence uma fase de um jogo on-line e passa para a próxima, seu cérebro libera substâncias de bem-estar na corrente sanguínea, pois, mesmo virtualmente, ela se sente campeã, uma vencedora.

Nesse momento, um aviso é emitido constantemente pelo cérebro, para que a pessoa volte a jogar, porque está lhe fazendo bem, produzindo endorfina e outras substâncias, como serotonina. Dessa forma, a pessoa simplesmente não consegue mais parar de jogar. Muitas vezes, pessoas que são responsáveis pelo sustento do seu lar gastam todo o limite do cartão de crédito em apostas e na compra de "vidas" de joguinhos que não lhe trazem nada, a não ser a distração da solução dos problemas que deveriam estar enfrentando no seu dia a dia.

7. Cibercondria

A cibercondria também pode ser chamada de hipocondria digital. Acontece quando a pessoa apresenta alguns sintomas físicos, como uma dor de cabeça, ânsia de vômito ou pressão alta, por exemplo, e então resolve fazer uma busca no Google para descobrir o que pode haver por trás da combinação desses sintomas.

Nessa busca, ela pode encontrar um resultado de câncer no cérebro. A partir desse momento, ela acredita com tanta força nesse diagnóstico que começa a desenvolver os sintomas da doença.

Sim, a nossa mente é incrível a esse ponto. A neurose pode se tornar tão grave que, até fazer um exame para comprovar, a pessoa não fica em paz.

No entanto, os resultados de alguns exames levam semanas para ficar prontos e, durante esse tempo, o sofrimento e os sintomas dos cibercondríacos só se agravam.

Muitas vezes a pessoa foi a uma festa, comeu e bebeu demais, e, no dia seguinte, está com um pequeno problema de fígado, com muita dor. Então, entra na internet e digita na busca "dor abdominal". Acontece que dor abdominal pode ter centenas de origens diferentes, entre elas a cirrose. Nesse momento, a pessoa já começa a acreditar que está com cirrose, que vai morrer em breve, e começa a sentir os sintomas.

Com o passar do tempo e com a repetição desse comportamento, o próprio corpo começa a desenvolver sintomas por sentir falta das substâncias que são geradas com a situação.

Muito cuidado com a hipocondria digital, pois ela pode matar você de susto sem que você tenha doença alguma.

O melhor a fazer é consultar um médico de sua confiança, pois às vezes você só está mesmo com um mal-estar.

8. Efeito Google

Antigamente, há quase duas décadas, nossa mente precisava buscar informação em fontes *off-line*, porque não havia a possibilidade de fazer isso por meios eletrônicos. Nos tempos atuais, nosso cérebro começou a se acostumar com o fato de termos um buscador e armazenador de informações na palma da mão, e isso está afetando a nossa memória e deixando o nosso cérebro preguiçoso, afinal ele sabe que, se precisar, tem o Google logo ali.

A nossa mente já codificou isso e entende que, quando precisar de alguma informação, há o site de busca na internet. A tendência do nosso cérebro é economizar energia, e isso vem da nossa ancestralidade, lá da época dos primatas. Ora, se podemos encontrar qualquer informação com apenas alguns cliques, por que o cérebro vai ocupar espaço e memória sem necessidade?

O efeito Google é essa perda de memória que as pessoas estão desenvolvendo por conta do fácil acesso à internet.

Um bom conselho para quem quiser se libertar das ciberdoenças é fazer um detox digital – se dispor a ficar um período sem usar o celular, a internet e passar menos tempo on-line. Aproveite os períodos de férias: se fizer o detox digital por uma semana apenas, já é período suficiente para desacelerar a mente e se reconectar com a sua essência.

O mundo não vai acabar se alguém ficar longe da internet, ou do mundo virtual. Procure ficar *off-line* de vez em quando, pois isso faz bem para a mente, para o corpo e para a alma. Mesmo que você trabalhe no mundo on-line, é essencial se desconectar algumas horas por dia, nos fins de semana e em períodos de folga.

Só assim você pode se interiorizar, conversar consigo e não manter contato apenas com esse mundo virtual (que não é o mundo real) e esquecer de si mesmo mergulhado nas ilusões da internet: onde praticamente todas as fotos tem correções, filtros e as coisas não são como estão expostas lá; mesmo que nossa mente nos engane e nos faça acreditar no contrário.

Tome muito cuidado para não se tornar mais um ciberdoente, um viciado em internet e redes sociais. Procure ajudar quem está ao seu redor, porque a maioria das pessoas não tem esse conhecimento, não sabe que é doença e acha completamente normal ficar conectada 24 horas por dia.

AO OBSERVAR UMA DOENÇA AQUI EXPOSTA e suas causas, pode ser que você não se identifique logo de cara. Peço que preste atenção, de forma bem profunda, pois esses motivos podem estar muito arraigados em seu inconsciente. Peça a ajuda de um terapeuta e investigue, pois, se a doença se materializa fisicamente, sem dúvida é porque há uma questão emocional que a desencadeou.

Agora que você já tem um bom conhecimento sobre anatomia sutil e as principais causas das doenças, é hora de conhecer um tema polêmico e muito curioso que pode impactar diretamente a sua saúde: **o seu relacionamento com o elemental do corpo!**

VAMOS ADIANTE!

CAPÍTULO 5

A vida interna, oculta e invisível: o seu interior de um jeito que você jamais viu

IMAGINE QUE SEU CORPO É UMA NAVE-MÃE que possui um centro de comando e 14 compartimentos com tripulações distintas. As tripulações, que são seus órgãos, tecidos e células, estão distribuídas nesses 14 departamentos que são os sistemas endócrino, digestivo, excretor, cardiovascular, respiratório, nervoso, sensorial, urinário, reprodutor, esquelético, muscular, imunológico, linfático e tegumentar.

Para que possam desempenhar suas funções com saúde e vitalidade, todos esses compartimentos são subservientes a uma central de comando, e é o comandante da nave que decide que tipo de combustível será utilizado, qual a frequência e vibração da energia utilizada, e os caminhos que a nave deve seguir. Agora, imagine se essa nave fica sem comando. O que aconteceria a ela se não recebesse o combustível correto, o tipo de energia adequada ou não soubesse que rota seguir? Talvez cada compartimento fizesse o que é melhor para si, sem pensar na harmonia do todo. E então os problemas começariam a acontecer.

Imagine uma pessoa que não cuida da qualidade de seu sono, que se alimenta de *fast food*, que não dá atenção à sua vida espiritual e já nem lembra como é fazer uma atividade física ou viver sem estresse, porque busca meios paliativos, como as medicações, para resolver os pequenos problemas que surgem em sua vida em função da falta de cuidado com a sua saúde.

Se você tem esse comportamento, é como se a sua nave-mãe estivesse vagando pelo universo sem nenhum comando, propósito ou missão.

É nesse momento que a doença surge, que as células começam a se multiplicar de forma indesejada e que a maioria dos desequilíbrios se instala em nosso corpo.

E se eu lhe disser que existe um ser que habita em seu interior desde a primeira vez que você esteve aqui na Terra e que é o zelador que contém todas as chaves para acessar qualquer um desses 14 compartimentos ou qualquer célula que você deseja curar?

O ELEMENTAL DO CORPO

O elemental do corpo, largamente descrito nos círculos ocultistas e esotéricos do século XIX, é um ser etérico, pertencente ao reino elemental, que se comprometeu solenemente diante do conselho cármico a acompanhar nosso processo evolutivo em todas as nossas encarnações. De acordo com as descrições dos estudiosos da teosofia, ele possui cerca de um metro de altura e carrega nossas características, portanto se assemelha a cada um de nós fisicamente.

Ele está ligado aos devas construtores. Cada forma de vida está associada a um elemental e, assim como cada pé de alface ou cenoura deste mundo carrega um deva capaz de lhe dar forma, vida, cor e sabor, em nosso corpo físico também existe um deva, que é o nosso elemental do corpo, responsável por todos os processos corporais dos 14 sistemas internos que regulam nossa saúde e nosso funcionamento físico, além de organizar a atividade dos nossos corpos espirituais, mentais, emocionais e outros corpos sutis que nos são desconhecidos.

Esse ser evolui junto conosco e é subserviente ao raio cósmico da manifestação ao qual pertencemos na encarnação presente. Sua responsabilidade é manter um padrão de funcionamento celular, um modelo de forma a ser seguido para que possamos cumprir a nossa missão com saúde e disposição, manifestando neste mundo o que temos de melhor.

O elemental do corpo zela para que nosso corpo se torne um receptáculo digno e habitável, para que nossa alma se desenvolva e evolua. Ele é como um guardião que conhece detalhadamente o desenho e a planta do nosso corpo em um nível muito profundo e minucioso.

Todo esse cuidado que o elemental do corpo tem conosco depende do nosso relacionamento com ele, do nosso nível de consciência e do tipo de matéria-prima que oferecemos a ele para que possa fazer o seu trabalho. Então, imagine que uma pessoa ofereça ao seu elemental do corpo coisas como drogas, cigarro, bebida alcoólica, *fast food*, reclamação, fofoca, raiva, estresse, noticiários e jornais com muita programação negativa e músicas de péssima qualidade. Como será que ele reage e metaboliza todas essas informações no corpo?

É o mesmo que pedirmos a um chef de cozinha que prepare um prato *gourmet* da cozinha internacional com ingredientes estragados! Para que você tenha saúde, o elemental do corpo faz verdadeiros milagres, mas antes ele precisa da sua ajuda e de um pouco de reciprocidade. Pense nele como um amigo. Se você tem um amigo que sempre o ajudou, mas nunca recebeu nem um pouco de atenção e carinho, em algum momento ele vai parar de ajudar, para ver se ao menos você se lembra de sua existência.

A maioria de nós, humanos, sequer sabe da existência do elemental do corpo, e por isso o ignora e abandona. De tanto receber maus-tratos, ele se fecha, desanima e não encontra motivação para ser um amigo cooperativo e ajudante amoroso, pois seu estágio evolutivo se parece com o nosso, não se tratando de um arcanjo ou mestre ascensionado que manifesta misericórdia ilimitada.

O elemental do corpo se encontra em um processo evolutivo similar ao nosso e se dispôs a fazer um trabalho de parceria quando jurou nos acompanhar em nosso caminho de evolução, mas parceria não significa aceitar o abandono que temos lhe imposto há tantos séculos.

Como foi ignorado ao longo de muitas vidas, esse ser pode desenvolver uma grande antipatia pelo seu parceiro, com quem é obrigado a permanecer ao longo das encarnações.

Não sei se é possível resgatar um bom relacionamento com o elemental do corpo em uma única encarnação, visto que passamos séculos o ignorando e agredindo nosso corpo físico. Porém, se você está lendo este livro, imagino que não seja por acaso.

Se, a partir de agora, você tem essa consciência, comece a melhorar sua relação com esse ser que, além de zelar pelo seu corpo físico, pode gerar um corpo capaz de se tornar imortal, como aconteceu com Babaji e outros grandes mestres que passaram pelo processo de *Soruba Samadhi*, uma espécie de ascensão à imortalidade física, pois os mestres que vêm à Terra para nos transmitir conhecimento não estão sujeitos às leis e restrições do carma, além de manterem uma relação perfeita de parceria e amizade com seu elemental do corpo.

No capítulo de exercícios, você encontrará a Oração do Elemental do Corpo, canalizada especialmente para esta obra. A prática desta oração auxilia no resgate do relacionamento com esse ser que, quando está alinhado com nossos objetivos e missão, atua como um cúmplice, alguém que vai apoiá-lo em todos os níveis e dimensões do seu ser.

Muitas vezes o elemental do corpo não se afasta porque foi abandonado ou negligenciado. Na maioria dos casos, ele fica literalmente de braços cruzados com relação a nossa saúde, porque acredita que uma doença grave em nossa vida terá uma função muito mais útil que a dele. Quando percebe que a doença vai nos trazer mais aprendizados que a saúde, ele simplesmente para de atuar e permite que a doença se instale. Ao contrário, quando atuamos com amor e aprendemos voluntariamente por meio do estudo e da dedicação ao nosso processo evolutivo, ele trabalha incansavelmente e com alegria, zelando pela nossa saúde e construindo a cura.

Quando nosso corpo físico morre, nosso elemental do corpo entra de "férias" desta parceria e se recolhe para descansar em planos interiores diferentes dos lugares para onde vai a alma humana. Uma vez que não temos corpo físico, a presença dele torna-se desnecessária, até que uma nova encarnação aconteça, quando voltamos a conviver com ele, já no útero da nossa mãe, pois o elemental do corpo é o responsável pela construção do nosso novo corpo.

INFORMAÇÕES VALIOSAS SOBRE O ELEMENTAL DO CORPO

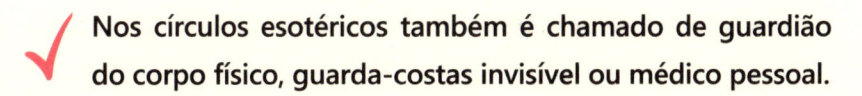

- ✓ Nos círculos esotéricos também é chamado de guardião do corpo físico, guarda-costas invisível ou médico pessoal.
- ✓ É inocente, puro e desconhece a maldade.
- ✓ É habilidoso e extremamente inteligente.
- ✓ Tem cerca de um metro de altura e é uma cópia do seu parceiro em aparência, comportamentos e atitudes.
- ✓ Age conforme a nossa vontade, inclusive inconsciente.
- ✓ Tudo o que pensamos e sentimos é enviado a ele, que registra tudo nas células.
- ✓ Medos e dúvidas o deixam travado e o impedem de exercer as suas funções.

✓ O psiquismo dos ambientes o afeta demais.

✓ A principal matéria-prima para que este ser construa a nossa saúde é a energia dos chacras. Se os chacras estão debilitados, ele não consegue desempenhar suas funções.

✓ Ele fica muito feliz quando finalmente despertamos e tomamos conhecimento da sua existência e quando manifestamos o nosso desejo de trabalhar em parceria.

✓ Sente-se muito ameaçado com cirurgias em geral, plásticas, piercings, tatuagens, passeios de montanha-russa, simuladores, esportes e brinquedos radicais. Qualquer alteração na "planta do corpo", sem que antes ele tenha plena consciência do que está acontecendo, deixa-o confuso e sem saber para onde ir. Quando você for fazer qualquer coisa fora do normal, avise-o calmamente que está tudo bem, e diga sua pretensão e seus objetivos com o que vai fazer.

✓ Seres das sombras, obsessores e inimigos de vidas passadas podem ameaçar o elemental do corpo para interferir na sua saúde e utilizar de tecnologias extrafísicas, como chips e implantes, para afetar seu funcionamento e desenvolvimento.

✓ Mentalizações e meditações irradiando luzes verde e rosa em sua direção, melhoram o relacionamento e atuam de forma positiva no trabalho do elemental do corpo.

✓ Ele se comove com a energia amorosa, tornando-se mais motivado para realizar sua missão, que é proteger seu corpo, trazendo-lhe mais saúde e disposição.

Agora que você tem consciência desse ser que pode até mesmo ajudá-lo a construir um corpo mais bonito, jovem e atlético, é hora de definitivamente começar a construir uma relação amorosa e recíproca com quem nos acompanha há tantos milênios. Vamos fazer as pazes com ele definitivamente!

Estamos chegando à parte prática deste livro e espero que você tenha compreendido e absorvido os conteúdos abordados até aqui. A seguir, passaremos às práticas elaboradas especificamente para que você tenha mais equilíbrio, saúde, harmonia, disposição, discernimento, prosperidade, confiança e autoestima.

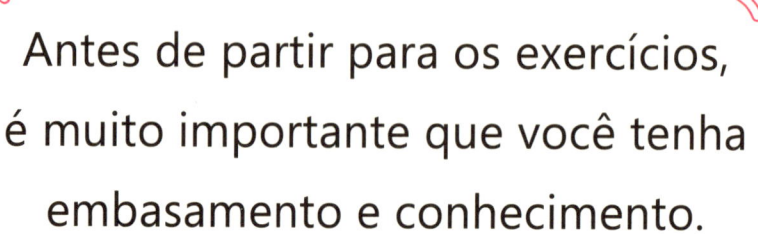

Antes de partir para os exercícios,
é muito importante que você tenha
embasamento e conhecimento.
A consciência acerca dos fatores,
hábitos e comportamentos que geram
e desencadeiam a doença vai
ajudá-lo a fazer as práticas de
forma mais concentrada e focada
para transformar a sua vida.
Todos sabemos que o foco
e a intenção direcionada são
os ingredientes que fazem
a magia acontecer.

CAPÍTULO 6

Os exercícios consagrados do Método Código da Alma

VAMOS PARTIR PARA A AÇÃO? A seguir você vai conhecer técnicas simples e muito profundas que vão ajudá-lo a ter uma saúde perfeita. Essas técnicas podem ser utilizadas por você e ensinada aos seus filhos, familiares, amigos e consultantes.

Você vai observar que, à medida que essas práticas entrarem na sua vida, muitas mudanças acontecerão: a caixinha de medicações da sua casa vai diminuir, os remédios vão passando da validade e você começará a descartá-los sem necessidade de repor, porque eles simplesmente não farão mais parte do seu dia a dia.

A cura natural é muito gratificante, pois não tem efeitos colaterais. Basta praticar alguns minutos por dia. Nos primeiros dias, pode até parecer estranho e talvez você se sinta desconfortável. Mas, com o passar do tempo, conquistará uma paz interior que começará a despertar o seu verdadeiro poder interno, e então você decidirá nunca mais abrir mão desse poder que acaba de descobrir, porque é ele que vai lhe dar suporte nos momentos mais difíceis.

Para mantê-lo sempre ativo, você precisa apenas de alguns minutos por dia. Para isso, a minha sugestão é que você se organize: anote na sua agenda, separe um tempo para cuidar da sua alma. Se os cuidados diários com o nosso corpo, como escovar os dentes, tomar banho e pentear o cabelo, já estão incluídos na nossa rotina, por que não fazer a mesma coisa com os cuidados com a alma? Coitada da nossa alma, abandonada e sem atenção por tantos anos!

Agora pare um momento e reflita sobre como está a sua alma. Será que ela está limpa? Com o cabelo escovado? Com os dentes bem tratados? Ou está abandonada, suja, com teias de aranha, jogada em um canto? Então, o que é mais importante: fazer as unhas toda semana ou separar 5 minutos por dia para se conectar com a sua essência e dar um trato no espírito? **É muito importante que você cuide de todos os seus corpos: físico, mental, emocional e espiritual.**

Portanto, se quer ter longevidade, qualidade de vida e muita saúde, reserve um tempo para cuidar do seu espírito, para praticar esses exercícios que vão fazer bem para sua mente, emoções, alma, e em consequência, para o seu corpo físico.

E na prática... O que você pode fazer para blindar a sua saúde?

EXERCÍCIOS

1 – COMO PREVENIR AS DOENÇAS DA ALMA EM ALGUNS PASSOS SIMPLES

Passo 1

Não deixe uma dor ou doença se prolongar demais na sua vida. Uma vez detectada, comece imediatamente a mudar seus pensamentos e emoções, evitando que os danos físicos se alastrem. É muito mais simples tratar uma doença quando ela ainda não chegou no corpo físico. Com tudo o que aprendemos até aqui, você tem como prever uma doença que vai se instalar no corpo daqui a um tempo, dependendo daquilo que vem sentindo. Se já faz um ano ou dois que você está magoado, por exemplo, é melhor resolver esta mágoa antes que a doença se instale no corpo físico. Se ela já se instalou, é muito mais fácil tratá-la em um estágio inicial.

Passo 2

Fique atento aos seus pensamentos e sentimentos. Quando Jesus Cristo dizia "Orai e vigiai!", com certeza tinha uma visão muito ampla do que essas duas poderosas palavras significavam, e elas podem ser o seu maior agente de manutenção, de saúde e de bem-estar.

"Orai e vigiai!" é tudo neste momento. Orar, fazer uma conexão espiritual todos os dias – com o Deus que você quiser, o ser de luz em que confiar, do jeito que preferir –, e vigiar seus pensamentos e emoções é uma maneira de cuidar da sua energia para mantê-la sempre em alta. Quando está elevada, a sua energia forma um escudo de proteção contra vírus e doenças.

Passo 3

Uma vez consciente dessa capacidade que nossos pensamentos e emoções têm de produzir a doença, entenda definitivamente que você precisa domar os seus instintos inferiores. Portanto, todo estilo de vida que contribuir para serenar o seu ser será capaz de prolongar a sua vida. Mas o contrário também é verdadeiro: toda agitação, nervosismo, angústia, ansiedade, euforia vai lhe trazer a doença e uma diminuição no seu prazo de vida.

Uma das coisas que mais nos acalma e tranquiliza é o contato com a natureza, então procure estar perto de plantas, árvores, animais de estimação. Nós precisamos do mato. Ele é o nosso habitat natural, por isso nos sentimos calmos e relaxados quando estamos perto das plantas.

Quando vamos para as grandes cidades, onde há muitos prédios, muito cinza, asfalto, nos tornamos mais agressivos. Como vimos no capítulo dos chacras, a nossa alma reconhece e se identifica com a energia circular que está presente em todos os níveis da criação; e as linhas retas da cidade, dos prédios, das ruas nos desarmonizam e nos descaracterizam. Não nos sentimos à vontade nas grandes cidades. Nós até podemos ter nos acostumado com isso, mas não é do que o nosso corpo mais gosta. Podemos trilhar um caminho de volta para a natureza, para encontrarmos a harmonia e o equilíbrio que o verde nos traz.

Passo 4

O melhor plano de saúde que qualquer pessoa pode ter é a compreensão dos fatores que geram tanto a doença quanto a saúde e o bom uso do livre-arbítrio para a construção de uma vida equilibrada em todos os sentidos. A decisão é sempre sua. Com quem você vai se conectar hoje: com o Ministério da Luz ou com o Ministério da Minhoca? Onde seus pensamentos vão residir, no amor ou na guerra? Onde você vai se centrar?

O que que você vai buscar todos os dias quando acorda? Você já acorda contrariado ou mal-humorado? Ou você acorda feliz e agradecido? A escolha é sempre sua.

Passo 5

Existem alguns fatores também que alteram o campo natural, o campo de energia:

a) Os pensamentos alteram nosso campo de energia. Vamos supor que o seu campo de energia esteja puro, leve e equilibrado. Se num determinado momento você começa a pensar em coisas ruins, tragédias, no seu passado doloroso, o campo de energia se descaracteriza, se dissipa e já começa a ficar mais fraco.

b) As emoções muito fortes e intensas, como paixões, euforia, obsessão, raiva, fobia, pânico também alteram o nosso campo de energia.

c) A alimentação altera demais o campo de energia, principalmente se for rica em farinha branca, sal, açúcar refinado, carboidratos e produtos industrializados ou processados. Esses alimentos debilitam muito a nossa energia e nos deixam com aspecto pesado, de doença mesmo, porque o fígado não reconhece alimentos não naturais, como os processados e industrializados, e precisa fazer um esforço muito grande para cumprir a sua função. O nosso organismo foi preparado, ao longo de milhares de anos, para processar tudo aquilo que dá em árvore ou brota do chão: hortaliças, verduras, frutas, grãos – tudo que a natureza nos forneceu. Já tudo o que é industrializado, como um salgadinho, um sorvete, uma cerveja, uma pizza, é mais difícil de ser processado pelo fígado, que vai precisar de muito mais energia. Assim, a nossa energia acaba ficando fraca. Quem nunca sentiu preguiça depois de uma refeição pesada?

d) O sedentarismo é outro fator que enfraquece demais o nosso campo de energia: nós precisamos de movimento. Quem não se movimenta está indo contra o fluxo natural do universo, pois, desde a criação da primeira partícula, o universo está em constante expansão, vibração e movimentação. As atividades físicas fazem muito bem para o nosso campo de energia. Elas ajudam a estimular a produção de hormônios, como a endorfina, que auxilia no nosso bom humor, disposição, vitalidade e faz um bem incrível para a saúde, aumenta a resistência cardíaca, muscular e a performance do nosso sistema imunológico.

e) Hábitos nocivos, como reclamar, fumar, ingerir bebida alcoólica, ouvir músicas com apelos negativos, assistir aos noticiários, fazer fofoca e tentar controlar a vida dos outros, alteram muito o nosso campo de energia e baixam a nossa imunidade. Elimine-os da sua vida e você terá muito mais saúde e disposição.

f) As influências espirituais, que podem ser de vidas passadas, de espíritos obsessores, de pessoas que estão ao seu redor ou do psiquismo do seu ambiente, estão muito mais presentes do que você imagina e podem fazer com que a sua energia se desgaste. Trata-se também de uma decisão pessoal ficar vibrando no baixo astral e de uma forma densa para se conectar com esse tipo de energia. Se você fizer a sua parte, orar, vigiar, meditar e ficar bem conectado, raramente vai ter essas influências. No entanto, se é uma pessoa que não tem disciplina espiritual, reclama muito da vida, está sempre triste, deprimido, para baixo, a tendência de você ter muitos espíritos obsessores ao seu redor é grande.

g) Há ainda as influências telúricas e geomagnéticas, que são resultado das energias que vêm da terra. São fatores que a radiestesia estuda muito, pois existem lugares na Terra que são verdadeiras minas de energia negativa e outros que são torres de energia positiva. As minas são os lugares que sugam a sua energia e o desvitalizam. Já as torres são lugares que nos abastecem com muita energia positiva. Se você mora perto de uma estação de energia elétrica, por exemplo, é provável que se sinta sempre cansado, porque esse local possui uma onda de energia que não é compatível conosco e com a onda energética dos nossos chacras. Se você dorme toda a noite com a cabeça perto de uma tomada de energia elétrica, ou de um quadro elétrico, também é possível que se desvitalize. É preciso prestar muita atenção nessas influências telúricas e geomagnéticas. Para conhecer melhor esses fatores, recomendo o **livro *Poder Extrafísico*,** que escrevi em parceria com meu sócio Bruno J. Gimenes. Nesta obra, apresentamos um material muito rico sobre a energia dos ambientes.

h) Influências genéticas: todos nós que estamos encarnados chegamos com uma carga de informações de nossos ancestrais, e claro que essa carga genética influencia totalmente a nossa saúde, tanto que bebês recém-nascidos muitas vezes já enfrentam doenças graves. Imagino que você esteja se perguntando se isso seria uma questão de injustiça divina... Será que o bebê merece nascer assim? Vamos lembrar que o Código da Alma é reencarnacionista e o fator cármico é levado em consideração do início ao fim deste estudo. Não existem casualidades no carma, existem causas. Ninguém nasce em uma família por acaso. Você nasceu na família perfeita que oferece as maiores possibilidades para a sua evolução e a carga genética faz parte do seu caminho evolutivo, inclusive as doenças que por ventura você herdar dos seus ancestrais. A vida começa muito antes do nosso nascimento físico!

i) Influências Astrológicas em nossa saúde: você sabia que, dentro da Astrologia, que na minha opinião é uma das ciências mais completas, existe uma área que estuda a influência dos planetas, signos e constelações na nossa saúde e na nossa vida como um todo?

Fiz formação em Astrologia há algum tempo, e gostei muito de estudar essa parte, porque, se observarmos a natureza, podemos perceber que a Lua influencia as marés, o nascimento dos bebês ou de qualquer espécie que esteja presente na natureza. A Lua influencia nossas emoções, o ciclo menstrual feminino, as plantações, a poda das árvores e os cortes de cabelo. Por conta da nossa tradição, percebemos a influência da Lua de uma forma mais nítida. Sobretudo quem já teve um contato maior com a agricultura pode perceber que os antigos e os nossos avós estavam sempre prestando atenção nos ciclos da Lua para cultivar e colher as plantas. Se a Lua tem toda essa influência, será que os planetas do sistema solar também exercem uma influência sobre nós? Claro que sim! Os planetas que compõem o Sistema Solar também nos afetam: Mercúrio, Júpiter, Saturno, Vênus, Marte, Urano, Netuno e Plutão (o fato de a ciência não considerá-lo mais um planeta não muda nada), todos eles influenciam a nossa saúde. Além de todos os aspectos que já citei anteriormente, nossa saúde é influenciada pelos astros que compõem o nosso Mapa Natal.

O Mapa Natal é como uma foto do céu, mostrando a posição dos planetas exatamente no momento em que nascemos, a hora exata em que chegamos aqui na Terra. Existe uma posição astrológica acima de nós, de acordo com o local onde nascemos, e essa foto é que vai ditar também a nossa saúde e muitos outros aspectos que enfrentaremos ao longo da vida.

As pessoas nascidas sob cada signo têm um desafio diferente, com uma determinada região do corpo ou órgão de choque. Cada pessoa, de acordo com seu signo solar, possui um órgão de choque diferente, o seu "calcanhar de Aquiles". Quando ela se estressar e estiver com a imunidade baixa, é esse órgão que vai demonstrar a sua maior fragilidade, sinalizando que há algo errado no corpo.

A Astrologia Médica é um campo vasto a ser estudado e aqui temos apenas a informação básica para você compreender a influência do signo nos seus órgãos. Dessa forma, você vai conseguir entender melhor o funcionamento do seu corpo. Se quiser saber mais sobre Astrologia Médica, sugiro que procure uma formação nesta área.

É importante salientar que, para você saber os detalhes exatos de sua saúde vinculada à Astrologia Médica, o ideal é fazer seu Mapa Natal com um terapeuta sério e renomado, porque nem de longe nós somos um signo só. Temos influência de muitos outros signos, em outros aspectos e nas casas astrológicas, enfim, nós temos um emaranhado de signos e planetas que nos regem.

Não é incomum que uma pessoa tenha quatro ou cinco ascendentes, então precisamos analisar de forma bem particular, pois nenhum mapa é igual a outro, nem mesmo de gêmeos, portanto seria muito genérico falarmos que todos os arianos terão sensibilidade na mesma área. O que existe é uma possibilidade maior, por exemplo, de que um ariano tenha fortes dores de cabeça, pois sua maior influência é do signo solar. Recomendo a todos que queiram se conhecer melhor, ter uma boa parcela de autoconhecimento, que façam o seu Mapa Natal com um bom profissional e o estudem profundamente.

Agora vamos conhecer cada um dos signos e seus órgãos de choque correspondentes:

ÁRIES: Quem nasce com o sol em Áries é regido pela cabeça, pelos olhos e pelo maxilar. Provavelmente essas serão as partes do corpo de maior sensibilidade, as que serão afetadas primeiro.

TOURO: Os regidos pelo signo de Touro têm muita sensibilidade na garganta, no pescoço, nas cordas vocais e nas orelhas.

GÊMEOS: Os geminianos são regidos pelos ombros, braços, mãos e dedos.

CÂNCER: Os cancerianos têm mais sensibilidade nos seios e no estômago.

LEÃO: O signo de Leão é regido pelo coração e pela parte superior da coluna.

VIRGEM: O signo de virgem tem mais sensibilidade nos intestinos, pele, mente e sistema nervoso.

LIBRA: Os librianos têm maior sensibilidade nos rins e na parte inferior da coluna.

ESCORPIÃO: Quem é regido pelo signo de Escorpião tem maior sensibilidade no sistema reprodutor, então podem surgir doenças ligadas aos órgãos sexuais.

SAGITÁRIO: Quem é sagitariano tem mais sensibilidade nas coxas e no fígado.

CAPRICÓRNIO: Os capricornianos podem ter problemas de estrutura óssea, articulações e joelhos.

AQUÁRIO: Os aquarianos têm maior sensibilidade no sistema circulatório e nos calcanhares.

PEIXES: Os piscianos têm uma sensibilidade muito grande nos pés.

Até aqui já podemos perceber que todos os dias é necessário reservar um tempo para fazer a nossa higiene espiritual, mental e emocional, assim como fazemos a limpeza do nosso corpo físico, e **são esses cuidados que vão nos garantir saúde, harmonia, equilíbrio, plenitude, qualidade de vida e longevidade**.

Muitas pessoas reclamam da falta de tempo para isso, mas "falta de tempo é a desculpa usada pelas pessoas que desperdiçam tempo por falta de métodos", já dizia o sábio Albert Einstein.

O que você prefere? Reservar 15 minutos por dia (não precisa mais do que isso) para suas práticas de harmonização ou passar por uma UTI ou fazer um severo tratamento de quimioterapia?

Minha intenção aqui não é fazer terrorismo, mas alertá-lo quanto aos perigos de negligenciar esses cuidados: **a consequência é a doença!!!**

2 – COMO VISUALIZAR UMA AURA

Como já vimos no capítulo 1, a cor predominante em nossa aura mostra muito da nossa personalidade. Imagine que interessante seria você conseguir visualizar a aura das pessoas e conhecer muito de sua personalidade apenas as observando, mesmo que elas não tenham dito nenhuma palavra? Treinando os exercícios a seguir, que são muito eficazes, você vai começar a identificar a cor predominante da aura de qualquer ser vivo.

a) Desfocando o olhar

1. Peça a um amigo voluntário que se encoste em uma parede branca, de braços abertos.

2. Peça que ele faça cerca de 15 respirações bem profundas, enchendo bem os pulmões de ar, inspirando e expirando pelo nariz, lentamente. A respiração profunda expande a aura e assim fica mais fácil para você enxergar.

3. Olhe fixamente para um ponto do corpo da pessoa, evitando piscar por cerca de 30 segundos.

4. Não devemos olhar diretamente para a pessoa, mas a uns cinco centímetros de um dos lados de seu corpo ou acima de sua cabeça. Olhar para a mão é uma boa sugestão para os iniciantes.

5. Peça que a pessoa conte 30 segundos e se abaixe ou tire a mão do lugar. Quando ela fizer isso, você deve continuar olhando para o mesmo ponto fixo que escolheu: é neste momento que, mesmo a pessoa se movendo, você consegue observar a aura impressa na parede branca.

6. Para desfocar o olhar, procure mover um pouquinho seus olhos em direção ao seu próprio nariz, pois assim fica mais fácil de enxergar a aura.

b) Enxergando a sua aura

Depois de treinar com um amigo voluntário, você também pode ver a sua aura. Coloque a sua mão bem aberta em uma parede branca, respire cerca de 15 vezes de forma lenta e profunda e olhe fixamente para os seus dedos durante 30 segundos, evitando piscar. Depois tire sua mão do lugar rapidamente. Quando você olhar para a parede, a impressão da aura com a cor predominante estará lá.

c) Técnica da folha azul

Caso o exercício de desfocar o olhar não funcione, você pode optar por fazê-lo de outra maneira: siga os mesmos passos, mas em vez de olhar fixamente para seu amigo, foque seu olhar em uma folha de cor azul durante 30 segundos, evitando piscar. Rapidamente desvie seu olhar do papel azul para um ponto do corpo de seu amigo. Essa técnica também facilita a visualização da aura.

d) Respiração Holotrópica

Desenvolvida nos anos 1970, esta técnica de respiração desbloqueia nosso sistema emocional. Normalmente, os processos que envolvem esse tipo de respiração duram horas. Mas, para visualizar a aura, três minutos são suficientes. Assim, aliviamos nosso corpo e mente de tensões e pensamentos intrusos que possam atrapalhar a visualização. A respiração holotrópica é uma técnica de respiração completa, circular, rápida e bucal, ou seja, *você vai respirar mais rápido do que está acostumado, inspirando e expirando pela boca*. Em nenhum momento você vai reter o ar, e é preciso movimentar seu abdômen rapidamente enquanto respira. Após três minutos respirando dessa forma, sua aura, mente e campo de visão estarão expandidos e prontos para a visualização. Inclusive você pode utilizar esta respiração antes de praticar os exercícios anteriores.

e) Técnica do banho quente

Tome um banho muito quente e se seque rapidamente, de forma bem superficial, removendo apenas o excesso de água e deixando a pele ainda úmida. Em seguida, deite-se em uma cama com a barriga voltada para cima, à meia-luz ou na penumbra (pode ser a luz de um abajur). Feche seus olhos, respire profundamente cerca de 15 vezes e abra os olhos. Ao olhar para cima você vai perceber nuvens multicoloridas saindo do seu corpo e as camadas da aura muito bem definidas.

Após visualizar a cor predominante da aura, consulte a tabela do Capítulo 1 para entender suas características.

3 – TÉCNICA MATINAL DE ABSORÇÃO DO FOGO SAGRADO

Chamada no Budismo Oriental de *Shâmatha*, esta técnica ajuda a absorver o Fogo Cósmico Sagrado que nos é dado todas as manhãs, permitindo que ele permeie e regenere todas as nossas células. São passos simples que, quando seguidos, despertam nossos superpoderes internos:

a) Escolha um lugar calmo, onde você se sinta bem e confortável. É preferível que você realize esta técnica sempre no mesmo espaço, pois o hábito pode ajudá-lo a manter a prática diária.

b) Se desejar, faça ao lado um pequeno altar com imagens de sua devoção, cristais, flores e incenso. Mas, se não tiver espaço para isso, não há problema: sua prática não será prejudicada.

c) O melhor horário para praticar esta técnica é logo ao acordar, antes do café da manhã, pois o objetivo é que nesse momento você consiga fazer com que o Fogo Sagrado flua pelos seus chacras. Nos momentos que antecederem o exercício, procure deixar suas preocupações de lado e, principalmente, evite pensar em suas tarefas e compromissos do dia. O momento é de silenciar o burburinho interno e potencializar sua energia.

d) Sente-se numa cadeira com as costas retas ou numa almofada mais dura com as pernas cruzadas, se tiver acostumado com isso. Ajuste o corpo e procure ficar relaxado.

e) Procure manter a coluna reta, sem forçá-la. Assim as energias circulam corretamente por todo o corpo. No Oriente, o ser humano é considerado uma ponte entre o Céu e a Terra, e o bom posicionamento da coluna, de forma verticalizada, facilita a conexão entre as energias celestes e terrestres.

f) Encaixe a cabeça no topo da coluna. Traga o queixo um pouco para trás, de modo que a cabeça fique em linha reta, nem inclinada para a frente nem jogada para trás. Deixe a língua relaxada na boca, com a ponta atrás dos dentes inferiores. Coloque as mãos sobre as coxas, bem soltas e relaxadas.

g) Olhe para um ponto no chão, a cerca de um metro e meio a sua frente. A visão deve ficar imóvel. Uma das maneiras de tranquilizar a mente é dar a ela um objeto de atenção físico, como o olhar e a respiração. Nas meditações em grupo, um sininho ou um gongo anunciam o começo e o fim da prática. Em casa, ela começa quando você se sentir preparado.

h) Preste atenção em sua respiração, no ar que entra e sai. Não interfira em seu ritmo, apenas preste atenção. A respiração será seu apoio principal, as rédeas que vão controlar sua mente.

i) Se perceber que suas emoções ou pensamentos já voaram para longe, gentilmente, mas com firmeza, volte a atenção para a respiração. Quando perceber um pensamento, apenas diga a si mesmo: "Pensando". Com essa "etiqueta mental", você perceberá que existe um espaço entre você e as suas preocupações.

j) Ver seus pensamentos é uma ação inédita para sua mente. É como sair de um rio turbulento, turvo, e ver que você é muito maior do que ele. Dessa nova perspectiva, você pode notar como esteve submerso no rio de suas ideias sem perceber.

k) Ao distanciar-se dos pensamentos e vê-los de longe, como nuvens que passam, você perceberá quanto a mente é espaçosa e cristalina. No começo, você terá essa sensação apenas em breves segundos. Com a prática diária, a sensação de calma e pureza começa a durar mais tempo. Consciente do espaço que existe entre você e sua atividade mental, você passa a observá-los – e assim eles se acalmarão. Você os verá de longe, como quem olha um cavalo que come sereno no pasto.

l) Os pensamentos ainda insistirão em voltar, são como um potro selvagem que não quer ser domado. Aquilo que chamamos ego quer retornar para assumir seus pensamentos e preocupações.

m) Continue apenas prestando atenção na respiração. Se pensar, coloque a etiqueta "pensando" e volte à respiração. Sinta o corpo começar a relaxar, mas mantenha a postura. Depois do combate inicial, a tendência natural da mente é ir se aquietando pouco a pouco.

n) Comece a meditar entre 10 e 15 minutos por dia, apenas permitindo que a energia cósmica da Fonte entre pelo seu chacra coronário e permeie todo o seu corpo e tente visualizar esse processo acontecendo. Depois de um período, chegue aos 20 minutos e, se conseguir, depois de algum tempo de prática, quando estiver mais disponível, chegue aos 40 ou 50 minutos. Você também poderá praticar antes de dormir pelo tempo que julgar necessário.

o) Você sairá da meditação em outro estado. As emoções e os pensamentos estarão mais tranquilos e sua mente estará mais alerta. O acúmulo dessa força fará muito bem à sua saúde. É como se você se encharcasse cada vez mais do abundante Fogo Sagrado que nos é dispensado e que, na maioria das vezes, não aproveitamos.

p) Disciplina e constância são necessárias – a meditação é uma prática diária. Para isso acontecer, é preciso sentir e se convencer de seus benefícios, que realmente aparecem com o tempo.

q) Procure se ligar a um grupo de pessoas que pratiquem a meditação ao menos uma vez por semana. Assim fica mais fácil manter a disciplina.

4 – ORAÇÃO DO ELEMENTAL DO CORPO

Esta oração foi canalizada especialmente para esta obra, em parceria com os Mestres Ascensionados, para que possamos restabelecer um bom relacionamento com nosso elemental do corpo, que nos acompanha e zela pela nossa saúde desde a nossa primeira encarnação.

Visto que há muitas vidas não temos consciência da existência deste nosso parceiro encarnatório, não sei afirmar por quanto tempo a prática desta oração se faz necessária, mas meu principal conselho é que você **não deixe para utilizá-la somente quando estiver doente.**

Talvez esta seja a primeira vez, em centenas de vidas, que você esteja acessando esse conhecimento, portanto não há como precisar se fazendo esta oração durante toda uma vida conseguiremos **"fazer as pazes"** com este ser que nos acompanha através dos milênios, pois isso depende do nosso histórico de vidas passadas. Mas o que os Seres de Luz me garantiram é que, **ao se dedicar a esta prática, você terá excelentes resultados.**

Em seu local sagrado, que pode ser um altar ou espaço de oração, fale em voz alta:

"Neste momento sagrado, eu invoco a presença sagrada do Eu Sou, do Cristo interno, e humildemente peço a presença neste ambiente dos Seres de Luz e Mestres Ascensionados (e outros que você quiser invocar).

Eu envio todo o meu amor e gratidão ao meu Amado Elemental do Corpo que durante todas as minhas encarnações tem me prestado o fiel serviço de zelar e proteger meu corpo, construindo saúde, inteligência, beleza e bem-estar. (Neste momento visualize o seu elemental do corpo envolto em uma névoa rosa).

Amado Elemental do Corpo, perdoe-me por desconhecê-lo e ignorá-lo ao longo de tantas encarnações. Perdão pela minha ignorância, que me causou tanto sofrimento nesta encarnação e em outras. Perdão pelas falhas e mazelas da minha alma. Perdão pelas atrocidades, vícios e maus-tratos com todos os corpos físicos que minha alma já habitou. Perdão por toda a negatividade que já o fiz passar.

Sincera e amorosamente, a partir de agora, em um grau de consciência mais elevado, gostaria de reconstruir a nossa relação em uma atmosfera de amor, aprendizado, humildade e perfeição em todas as funções de todos os meus corpos sutis e do corpo físico, inclusive.

Amado Elemental do Corpo, peço humildemente que comece sua ação para corrigir todas as minhas imperfeições físicas, emocionais, mentais e espirituais, sob a direção suprema do Cristo Interno e dos Sete Raios Cósmicos da Manifestação.

Em nome da poderosa presença do Eu Sou e da Chama Sagrada que me abastece todas as manhãs, eu decreto:

– Eu Sou a perfeita manifestação de Deus em todas as minhas células físicas, emocionais, mentais e espirituais.
– Eu Sou a saúde manifestada.
– Eu Sou a perfeição manifestada em todos os átomos, elétrons e células deste corpo que me foi confiado.
– Eu Sou a manifestação do Puro Amor, que repele todas as sombras, negatividades e tudo o que
não condiz com a minha natureza divina.
– A luz do Eu Sou habita em mim e me preenche
de cura, saúde e transformação positiva.
– Eu Sou a manifestação da cura.
– Eu Sou Luz! Eu Sou Luz! Eu Sou Luz!

Que a mais pura manifestação da minha gratidão envolva meu Elemental do Corpo e todos os seres que me trouxeram aprendizados em todas as minhas encarnações. Peço perdão a todos pelas minhas falhas e perdoo a todos os seres incondicionalmente.

Que a Luz, o Amor e o Poder mantenham
o Plano Divino em meu ser.

Que assim seja e sempre será, porque assim é."

5 – O CILINDRO E A PIRÂMIDE

Esta técnica, também conhecida como autodefesa psíquica, ajuda a proteger seu campo de energia contra invasões densas que podem vir de pessoas, ambientes ou situações desafiadoras, que são muito comuns em nosso dia a dia. Siga o passo a passo:

a) Imagine um cilindro de luz violeta, que vem desde o céu e forma um tubo ao seu redor, fechando-se sob seus pés. No topo de sua cabeça e abaixo de seus pés, há um pequeno furinho, permitindo que a energia cósmica interaja com seus chacras.

b) Sinta-se dentro desse tubo de cor violeta, bem intensa. Feche seus olhos, faça algumas respirações e imagine esse tubo se formando.

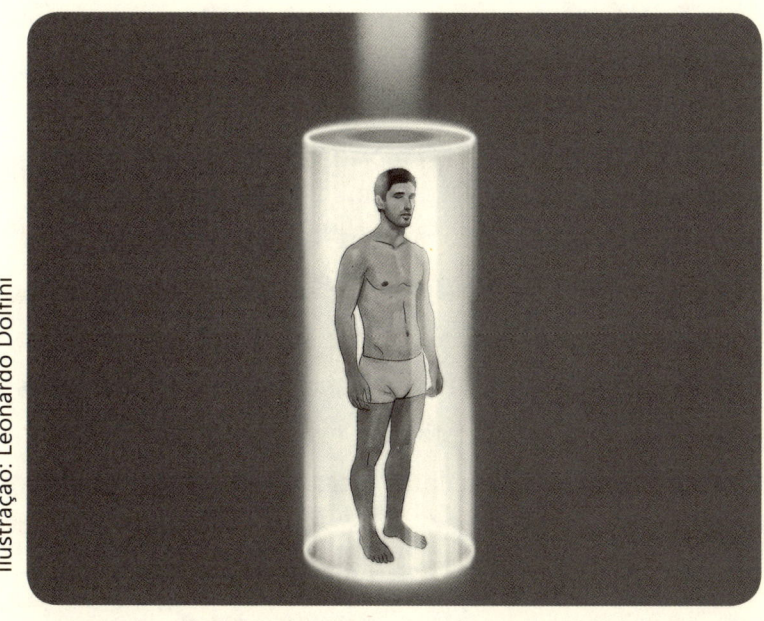

Ilustração: Leonardo Dolfini

Ilustração: Leonardo Dolfini

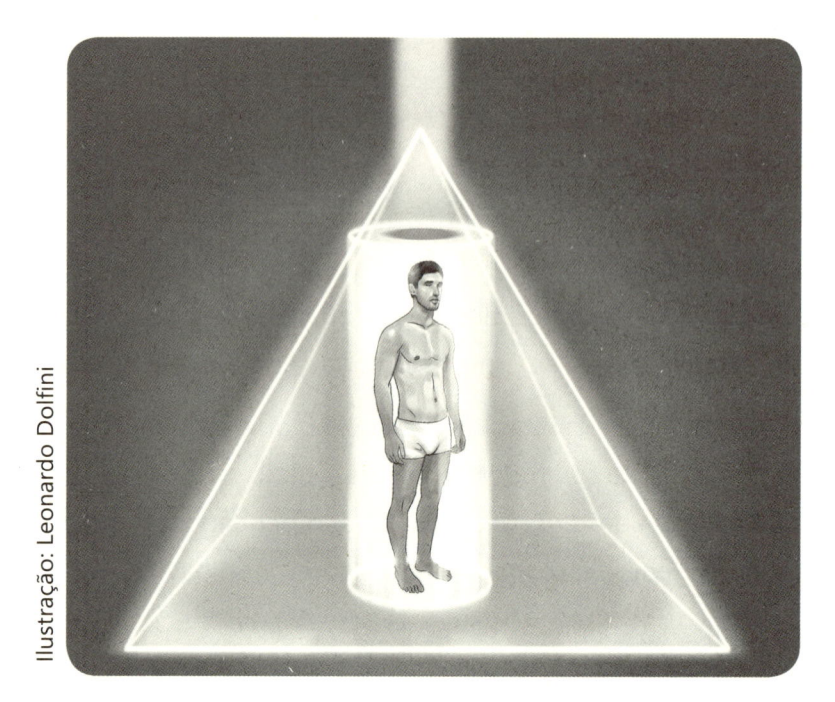

c) Imagine agora uma pirâmide dourada que se sobrepõe a esse tubo violeta. Essa pirâmide dourada começa acima da sua cabeça e vai até os pés. A pirâmide dourada sela e protege a sua energia. Você também pode intuir uma outra cor para sua pirâmide, siga sua intuição.

d) Essa técnica pode ser feita todos os dias – pela manhã, ao acordar, e à noite, antes de dormir. É importante reforçar a técnica durante o dia, quantas vezes você achar necessário.

e) Fazendo essa prática, você se conecta com uma sintonia de harmonia e equilíbrio, similar à energia das plantas e seres da natureza. É como se você estivesse espiritualmente calibrado, e, quando sair e encontrar qualquer pessoa, ambiente ou situação, estará protegido para lidar com o que vier pela frente. Treine até que a sua mente fique bem acostumada com a técnica. Se você é terapeuta, massoterapeuta, cabeleireiro ou trabalha em algum lugar onde circula um grande fluxo de pessoas, reforce o cilindro e a pirâmide sempre que entrar em contato com alguém, antes de um aperto de mão ou cumprimento. Reforce suas proteções, é rápido, fácil, não tem contraindicações, e suas células terão mais saúde, energia e vitalidade.

6 – EXERCÍCIO FINAL: A CONSAGRADA RESPIRAÇÃO DOS CHACRAS DO MÉTODO CÓDIGO DA ALMA

a) Recomendações iniciais

Esta é uma técnica de limpeza e harmonização dos chacras que me foi intuída há muitos anos e já trouxe cura integral para milhares de pessoas. É um processo simples que deve ser praticado por **pelo menos sete dias, uma vez ao dia**. Assim que você terminar, procure anotar as sensações e descobertas que aconteceram durante o exercício.

Você pode fazer sentado ou deitado, mas, ao deitar-se, é preciso ter atenção para não dormir, pois a mente precisa estar quieta e alerta até o final do processo. Quando os chacras estão harmonizados e em equilíbrio, você recarrega suas baterias, seus órgãos vibram na frequência correta e se forma um escudo protetor evitando que as doenças interpenetrem nosso campo áurico.

b) As 20 respirações abdominais

Para iniciar o processo, faça cerca de 20 respirações abdominais. Você começa a respirar, sempre inspirando pelo nariz e enchendo seu abdômen de ar. Essa é a respiração natural dos bebês, você sente o seu abdômen se enchendo de ar e se esvaziando. Você sente que o ar está chegando até o baixo-ventre e depois sobe e sai pelo nariz.

É muito simples. Antes de começar o processo de respiração dos chacras, vamos respirar por 20 vezes dessa forma. Nesse processo, vá esvaziando sua mente e libertando-a de qualquer pensamento... E assim você vai fazendo sucessivamente até a vigésima respiração. Quando chegar na vigésima respiração, já vai estar com a mente mais leve, tranquila, e aberta para se comunicar com seus chacras.

Faça as respirações bem longas, profundas, depois solte o ar como se libertasse todas as suas tensões. Vá sentindo que o corpo relaxa nessas 20 primeiras respirações. O próximo passo é estabelecer uma conexão com seus chacras.

c) Limpando e harmonizando o primeiro chacra - *Muladhara*

Vamos começar pelo primeiro chacra, *Muladhara* ou chacra básico, que fica na região do períneo e vibra na cor vermelha. Você vai respirar profundamente, imaginando que uma luz vermelha entra pelo seu nariz, percorre todo o seu corpo, e chega até o primeiro chacra, iluminando-o, preenchendo toda essa área e abastecendo suas pernas, pés, joelhos, ossos, sangue e glândulas suprarrenais.

Imagine que você está respirando a cor vermelha nesse momento: inspire vermelho e expire a cor cinza. Quando você expira, você solta cinza. Você inspira vermelho e solta cinza. O vermelho abastece o seu chacra com a cor correta. O cinza que é eliminado está associado a todas as preocupações, ansiedades, medos, tudo que está bloqueando o primeiro chacra. Tudo aquilo que o prejudica, que lhe faz mal, é eliminado através da cor cinza. Então, inspire vermelho e expire cinza. No momento em que inspirar o vermelho, imagine uma linda flor de lótus vermelha se abrindo nessa região do primeiro chacra. Quando expirar o cinza, imagine uma fogueira violeta na sua frente que vai absorvendo essa energia acinzentada.

Para visualizar a técnica completa, acesse o QR Code da página 317.

A fogueira violeta é importante e essencial para que as energias prejudiciais, de cor cinza, eliminadas na expiração, não fiquem pairando no ambiente. Assim você evita que as pessoas, animais de estimação ou até mesmo você reabsorva essa energia cinza que, sem a fogueira violeta, ficaria solta, pairando no ambiente.

Depois de repetir a inspiração e expiração completa por 10 vezes no primeiro chacra, *Muladhara*, ligado à nossa base, suporte e raiz, ele já está limpo e harmonizado.

d) Limpando e harmonizando o segundo chacra – *Swadhisthana*

Terminado o primeiro chacra, vamos para o segundo, *Swadhisthana*, que vibra na cor laranja e que está localizado na região dos órgãos sexuais. É o chacra da autoestima, vinculado aos prazeres e relacionamentos.

Quando você estiver fazendo a respiração, pode mentalizar também quais são as suas metas de autoestima, de relacionamento. Por exemplo, se você acha que perder peso vai ajudar na sua autoestima, quando você respirar a cor laranja, imagine-se com o peso que gostaria de ter. Se a sua autoestima está associada a uma situação como falar em público, por exemplo, imagine-se palestrando ou fazendo uma exposição de sucesso.

Você pode achar que é muita coisa para se fazer ao mesmo tempo, mas a nossa mente é muito veloz e dá conta de respirar o laranja, soltar o cinza na fogueira violeta, e ainda pensar em uma meta na flor de lótus laranja, que vai se abrir nessa região sexual. Fazendo a respiração laranja por 10 vezes, o segundo chacra já está limpo e harmonizado.

e) Limpando e harmonizando o terceiro chacra – *Manipura*

Agora nós vamos ao terceiro chacra, *Manipura*, associado ao poder pessoal. A representação deste chacra é feita por meio de um triângulo voltado para baixo na região do umbigo, que explica a nossa ligação emocional com a Terra e nossa missão de sutilizar e purificar as nossas inferioridades. *Manipura* é associado aos sentimentos mais intensos, paixões obsessivas e emoções viscerais. A respiração com a cor amarela é excelente para os problemas de estômago, intestino, fígado e também ajuda a controlar as nossas emoções inferiores e animalizadas.

Em virtude da ansiedade, do estresse e das preocupações que enfrentamos atualmente, este é o chacra mais desequilibrado da humanidade, então, se você intuir que precisa de mais de 10 respirações para harmonizá-lo, não há problema algum. Faça quantas precisar.

No caso de *Manipura*, você inspira amarelo e expira cinza, imagina uma flor de lótus amarela, que nasce na região do umbigo e brilha como o sol. A flor de lótus brilha e evolui, até se tornar o próprio sol interior, de um amarelo muito intenso e brilhante. Inspire amarelo, expire cinza sobre a fogueira violeta, e assim você elimina as impurezas desse chacra.

Se você tem metas para melhorar seus sentimentos, ter mais coragem, confiança, eliminar o medo, as incertezas, tristezas, pense em suas metas enquanto respira a cor amarela. Por exemplo, se você não tem coragem para tomar uma atitude, enquanto respira o amarelo imagine-se agindo e tomando essa atitude e realizando aquilo que gostaria.

Após repetir a respiração com a cor amarela por no mínimo 10 vezes, o terceiro chacra está harmonizado.

Nessa fase do exercício, você já sente a sua mente bem vazia, uma tranquilidade vai surgindo, a vibração muda. Esse exercício é muito eficaz e, se praticado diariamente, traz imunidade e previne muitas doenças. Portanto, ao incluí-lo na sua rotina, você vai transformar de forma muito positiva o seu estado físico, mental, emocional e espiritual.

f) Limpando e harmonizando o quarto chacra - *Anahata*

Nosso quarto chacra, *Anahat* ou *Anahata*, o chacra cardíaco, vibra na cor verde. Nesse caso, vamos inspirar verde e expirar cinza sobre a fogueira violeta. O quarto chacra está vinculado ao amor universal, à compaixão, à cura e à saúde. Enquanto inspira a cor verde, você pode desejar uma boa imunidade, uma saúde perfeita, mentalizar um excelente relacionamento com seu elemental do corpo, pois esse é o momento perfeito para isso.

Sinta seu coração se preenchendo com a cor verde, e mesmo que a respiração continue chegando até o baixo-ventre, imagine a cor verde preenchendo a faixa do peito, onde uma grande flor de lótus verde se abre. Repita esse processo por 10 vezes.

Nesse momento, a energia verde amorosa já preencheu todo seu peito, e o chacra *Anahata* já está vibrando na cor verde, o chacra *Manipura* está vibrando na cor amarela, o *Swadhisthana* está vibrando na cor laranja, e *Muladhara* está vibrando na cor vermelha.

Você alinhou os seus chacras inferiores, harmonizou-os e os preencheu com a energia da cor associada à vibração de cada um deles, eliminou suas impurezas, frustrações e tristezas na fogueira violeta.

Já ouvi muitos relatos de pessoas que, na respiração verde do quarto chacra *Anahata*, tentaram visualizar o verde, mas só conseguiam mentalizar a cor rosa. Se esse for o seu caso, fique tranquilo, pois essa situação é muito normal, visto que o rosa também está associado ao quarto chacra.

g) Limpando e harmonizando o quinto chacra – *Vishuddha*

Continuamos nossa viagem em direção ao quinto chacra, *Vishuddha*, que vibra na cor azul-celeste. O quinto chacra regula a atividade da garganta, nariz, boca, braços, mãos e dedos.

Na hora da respiração azul-celeste, imagine que essa cor preenche toda essa região, enquanto uma linda flor azul-celeste e brilhante se acende na sua garganta. Se você tem problemas relacionados à fala, falta coragem para falar em público ou se acha que fala demais e está precisando de equilíbrio, mentalize o que deseja na hora da respiração e concentre-se nos seus objetivos, na realização dos seus projetos de vida e em tudo o que você deseja materializar e colocar em prática.

Respire profundamente um azul-celeste intenso e, enquanto uma linda flor de lótus se abre na região da sua garganta, esse azul preenche a região do nariz, garganta e se expande até as pontas dos dedos das mãos. Depois expire a cor cinza sobre a fogueira violeta. Depois de repetir por no mínimo 10 vezes, a região da garganta, nariz e braços já está em equilíbrio, vibrando na cor azul-celeste.

h) Limpando e harmonizando o sexto chacra - *Ajña*

E seguimos nossa jornada em direção ao sexto chacra, *Ajna* ou *Ajña*, localizado na região entre as sobrancelhas e associado à cor azul índigo.

Se você tem pensamentos em excesso, confusão mental, não consegue organizar suas ideias, está sem criatividade, com enxaqueca, dor de cabeça ou qualquer outro problema nessa região, é hora de direcionar seu foco mental e estabelecer uma meta.

Imagine-se tranquilo, sem ansiedade, com a mente vazia e respire profundamente visualizando que sua cabeça está preenchida de azul índigo enquanto uma linda flor de lótus azul se abre entre as suas sobrancelhas. Imagine que todos os pensamentos confusos são eliminados na expiração da cor cinza sobre a fogueira violeta.

No primeiro ciclo respiratório, sua mente já fica bem mais vazia, você já está mais calmo, tranquilo e centrado. Por que isso acontece? Porque os seus chacras estão vitalizados, vibrando em uma frequência de harmonia, tranquilidade e paz. Neste momento, enquanto respira o azul índigo, sinta suas células felizes e harmonizadas. Lembre-se que as suas células têm consciência e sabem que você está contribuindo para a sua saúde cada vez que separa alguns minutos diários para fazer um exercício como este.

Repetindo a respiração azul índigo por no mínimo 10 vezes, seu sexto chacra estará em equilíbrio e harmonia, e sua mente se tornará mais tranquila, aumentando o espaço entre o estímulo e a reação.

i) Limpando e harmonizando o sétimo chacra – *Sahasrara*

E agora vamos ao sétimo chacra, *Sahasrara*, localizado bem no topo da nossa cabeça, formando um funil voltado para cima. Associado ao corpo causal, que é o nosso *akasha*, a razão de estarmos encarnados, é por meio desse chacra que nos conectamos à espiritualidade para compreendermos a nossa missão de alma, atingindo a perfeita compreensão de Deus e da existência. Ele representa a integração de todos os níveis e dimensões de nossa existência e a nossa conexão com a Fonte Criadora e com a sabedoria universal.

Imagine que você inspira um intenso violeta que preenche o topo da sua cabeça e forma um grande tubo para cima, que o conecta à sabedoria universal. Expire na fogueira violeta o cinza das perturbações mentais e espirituais que você possa ter, enquanto uma grandiosa flor de lótus se abre sobre a sua cabeça como se fosse uma grande coroa.

No momento da respiração violeta, você pode colocar suas aspirações espirituais, os objetivos espirituais que deseja alcançar, a conexão e o relacionamento que você almeja ter com o Divino. Depois de repetir por 10 vezes, seu sétimo chacra se encontra limpo e harmonizado.

Agora que todos os seus chacras estão em harmonia, faça uma prece de gratidão, algo bem pessoal e de sua preferência, ao seu mentor espiritual, anjo da guarda ou outro ser de luz em que você acredite e confie. Ao encerrar essa prece, você estará totalmente harmonizado, limpo e com os seus chacras em equilíbrio.

j) Selando e protegendo a sua energia

Após a respiração conectada dos chacras, é imprescindível a aplicação da técnica do Cilindro e da Pirâmide apresentada anteriormente, para que seu estado de harmonia se mantenha por mais tempo e não sofra desgastes na aura ao encontrar pessoas ou situações negativas que possam drenar a sua energia.

Uma boa recomendação é fazer essa prática por 7 dias e anotar as diferenças entre o antes e o depois, assim, as mudanças se tornam tangíveis e você consegue perceber melhor a sua evolução.

> Essa técnica é consagrada e já foi utilizada por milhares de alunos do Método Código da Alma, trazendo resultados incríveis como os da Raquel Bueno, Promotora de Justiça de São Paulo, que com a prática deste exercício, curou completamente uma enxaqueca que a acompanhava havia mais de 30 anos, sem que nenhum outro tratamento fosse bem-sucedido. Eu garanto que essa prática vai transformar muito positivamente a sua vida!

RESUMO DA TÉCNICA DE RESPIRAÇÃO DOS CHACRAS

Vamos rever o passo a passo da Técnica Consagrada de Respiração dos Chacras do Método *Código da Alma*:

1. Em primeiro lugar, faça uma prece inicial de sua preferência. Pode ser A Grande Invocação, um Pai-Nosso, uma Ave-Maria, pode ser um mantra ou uma forma muito simples de pedir permissão ao plano espiritual para fazer essa prática naquele ambiente. Use a sua intuição e escolha uma prece que o conecte com uma energia superior.

2. Em seguida, faça 20 respirações abdominais. Inspirando, preenchendo o abdômen, e expirando. Essa sequência ajuda a esvaziar a nossa mente de pensamentos e preocupações.

3. Agora, para fazer a meditação e limpar todos chacras, é necessário que haja uma forte intenção mental, ou seja, o desejo de se equilibrar.

4. Você pode fazer a prática de pé ou sentado. Se for se sentar, acomode-se em um lugar calmo e tranquilo. Você pode fazer essa meditação durante ou após o banho, onde quiser. Só não faça dirigindo ou operando alguma máquina, pois você pode relaxar demais e provocar um acidente.

5. Após se sentar ou se posicionar de pé, depois das 20 respirações iniciais, comece a inspirar a luz vermelha. Imagine que essa luz entra pelo seu nariz e vai preenchendo o seu canal respiratório, até chegar à região do primeiro chacra, *Muladhara*, no períneo. Imagine uma flor de lótus vermelha se abrindo nessa região. Inspire vermelho e expire cinza. Repita esse ciclo 10 vezes.

6. Lembre-se de eliminar a cor cinza em uma fogueira violeta, para que as energias nocivas não fiquem pairando no ambiente.

7. Junto com cada respiração, mentalize suas metas e objetivos, associados a cada um dos chacras.

8. Depois que você repetiu 10 vezes a inspiração da cor vermelha, imaginando uma flor de lótus vermelha em seu primeiro chacra, expirando cinza na fogueira violeta, repita com o *Swadhisthana*, que é o segundo chacra, associado à cor laranja.

9. Inspire a cor laranja e expire cinza na fogueira violeta, imaginando que uma flor de lótus laranja se abre na região sexual. Repita por 10 vezes.

10. Em seguida, passe para o terceiro chacra ou *Manipura*. Inspire a cor amarela imaginando que uma flor de lótus amarela se abre na região do seu umbigo. Conforme você respira, ela se torna o próprio brilho do sol. Você expira a cor cinza e queima na fogueira violeta, repetindo esse processo por 10 vezes.

11. Agora concentre-se na região do seu coração, no quarto chacra, *Anahat* ou *Anahata*. Inspire a cor verde ou rosa, preenchendo toda a região do seu peito com uma energia amorosa. Imagine uma flor de lótus verde ou rosa. Expire o cinza, direcionando-o para a fogueira violeta. Repita esse processo por 10 vezes.

12. Em seguida, passe ao quinto chacra, *Vishudda*. Inspire azul-celeste e imagine que essa cor preenche a faixa da garganta e dos braços, até as pontas dos dedos das mãos. Imagine essa energia azul-celeste da respiração preenchendo toda essa região. Expire a cor cinza, jogando-a na fogueira violeta. Repita esse processo por 10 vezes.

13. Agora inspire a cor azul índigo, preenchendo o sexto chacra, *Ajña*, na região da cabeça, entre as sobrancelhas, o nariz, os olhos e a face. Expire a cor cinza, imaginando que o uma flor de lótus azul se concentra entre as sobrancelhas. Quando expirar o cinza, direcione seus pensamentos atribulados, o excesso de ideias, compromissos e tarefas para a fogueira violeta. Repita esse processo por 10 vezes.

14. Quando chegar ao sétimo chacra, *Sahasrara*, inspire uma luz violeta intensa, enquanto uma grande flor de lótus se abre no topo da sua cabeça, formando uma coroa. Imagine que um grande tubo de luz violeta estabelece uma conexão com a Fonte Espiritual. Preencha a sua cabeça com luz violeta, e expire a cor cinza na fogueira violeta. Repita por 10 vezes o exercício.

15. Faça uma oração de gratidão.

16. Para sua energia não ficar exposta às nocividades que encontramos em ambientes, pessoas e situações, é necessário proteger-se. Portanto, para finalizar, utilize a técnica de autodefesa psíquica do Cilindro e da Pirâmide.

17. Imagine um grande tubo de luz violeta, que vem do alto e o envolve. Esse tubo se fecha abaixo dos seus pés, como se fosse um cilindro de luz violeta que protege a sua energia contra invasões nocivas.

18. Em seguida, imagine que uma pirâmide se forma sobre esse cilindro de luz. Essa pirâmide pode ter a cor dourada, mas se você enxergar outra cor, tudo bem, pois pode ser que neste momento você esteja precisando de outra energia. Ouça sua intuição. O objetivo da cor dourada é proteger e selar a nossa energia. Por isso, após a prática do exercício da Respiração dos Chacras do Método Código da Alma, utilize o cilindro de luz violeta e a pirâmide dourada, para selar e proteger a sua energia. Esta técnica de proteção pode ser reforçada e utilizada várias vezes durante o dia, sempre que você intuir que é necessário.

MENSAGEM FINAL

Agora o poder está em suas mãos!

A VIDA NÃO É LINEAR, portanto, muito do que foi descrito nesta obra pode não se aplicar ao seu caso. No entanto, muitas situações que você julga não ter sentido na sua condição atual podem estar profundamente arraigadas em seu inconsciente.

A vida sempre apresenta oscilações, altos e baixos, diversidade e dificuldades, como se estivéssemos em uma grande prova de triatlo, na qual todos os dias precisamos nadar, pedalar e correr para que sejamos capazes de cumprir nossas metas e objetivos.

Acredito profundamente que as pessoas mais equilibradas e que oscilam menos nas turbulências do dia a dia tão conturbado da época em que vivemos são as mais felizes e realizadas.

Vivemos em uma sociedade em que somos educados e preparados para enfrentar o sofrimento, o medo, a tensão, o estresse e a preocupação. Mas qual o sentido de viver uma vida imersa em tanto sofrimento, sem significado, trabalhando, estudando e nos comportando como robôs em uma linha de montagem?

A vida pode, sim, ser boa, saudável, equilibrada e cheia de significado! E isso depende do seu poder de ação, da sua atitude e coragem para lidar com seus vícios mais íntimos, que estão arraigados na genética e no padrão celular.

Conquistamos a verdadeira plenitude quando, cientes das nossas imperfeições, demonstramos humildade para, corajosamente, enfrentar quem realmente somos; com nossos desafios, limitações, pecados, transgressões, virtudes, potencialidades e toda a nossa humanidade!

Somos humanos e estamos aqui neste mundo para manifestarmos a nossa luz, expressarmos a nossa beleza e sermos verdadeiramente felizes. Agora o poder para isso está nas suas mãos!

Espero de coração que esta obra o tenha ajudado a construir mais saúde, discernimento e força para encarar a aventura que é viver, pois ter saúde é uma forma de manifestar rebeldia contra esse sistema doente no qual estamos inseridos.

Agora, o conhecimento está com você e é hora de retomar de vez as rédeas da sua vida, abandonar a preguiça e os "mimimis" que trouxeram os seus desafios de saúde, para desfrutar de uma vida saudável, plena e feliz!

Que os mestres e seres de luz abençoem a sua jornada!

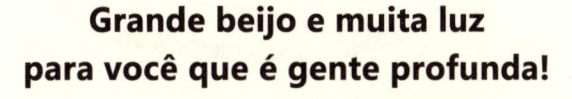

Grande beijo e muita luz para você que é gente profunda!

Patrícia

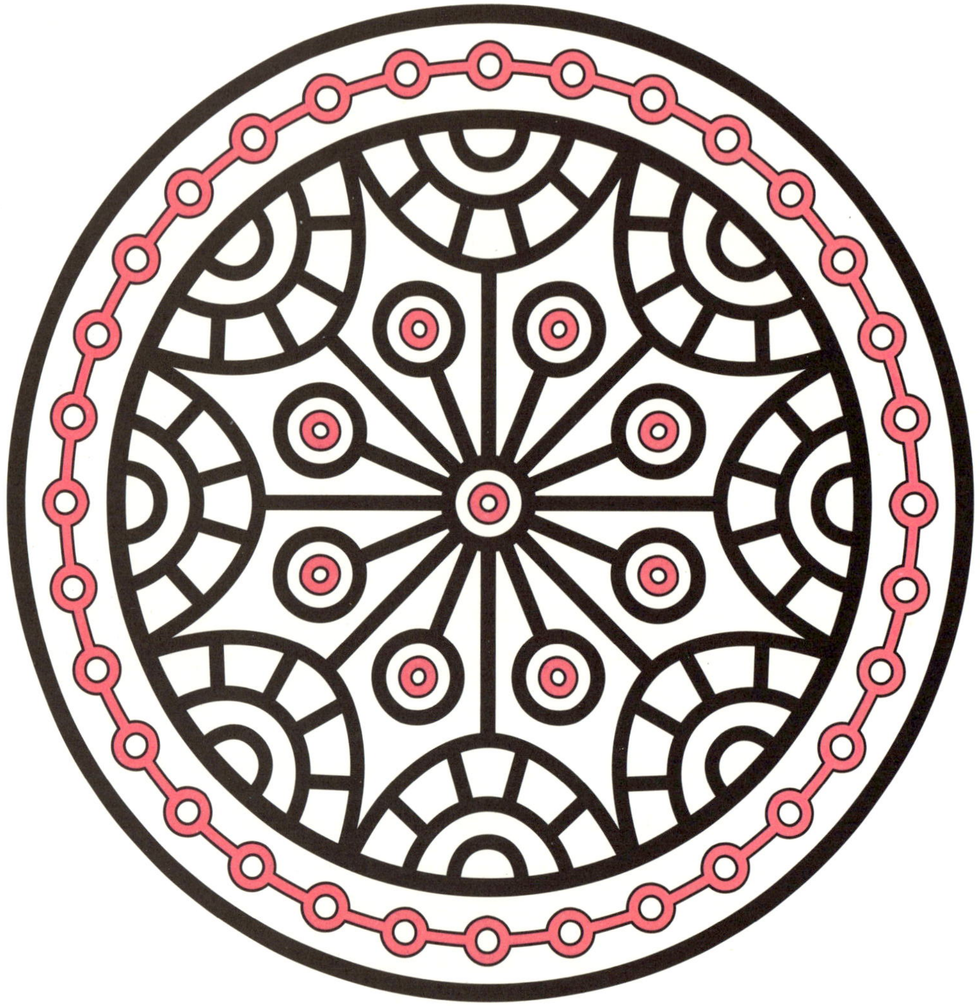

REFERÊNCIAS BIBLIOGRÁFICAS

DAHLKE, Rüdiger. *A doença como símbolo*: pequena enciclopédia de psicossomática. São Paulo: Cultrix, 1992.

_____. *A doença como linguagem da alma*: os sintomas como oportunidades de desenvolvimento. São Paulo: Cultrix, 2006.

DAHLKE, Rüdiger; NEUMANN, Andreas. *A respiração como caminho da cura*: regeneração física, psíquica e espiritual através da nossa capacidade mais elementar. São Paulo: Cultrix, 2009.

DETHLEFSEN, Thorwald; DAHLKE, Rüdiger. *A doença como caminho*: uma visão nova da cura como ponto de mutação em que um mal se deixa transformar em bem. São Paulo: Cultrix, 2001.

FORDE, Ralph Quinlan. *O livro da medicina tibetana*: como usar a medicina tibetana para a cura e o bem-estar pessoal. São Paulo: Pensamento, 2008.

HAY, Louise. *Você pode curar a sua vida*: como despertar ideias positivas, superar doenças e viver plenamente. Rio de Janeiro: Best Seller, 2007.

JUDITH, Anodea. *Rodas da vida*: um guia para você entender o sistema de chacras. Rio de Janeiro: Nova Era, 2010.

LELOUP, Jean-Yves. *O corpo e seus símbolos*: uma antropologia essencial. Petrópolis: Vozes, 1998.

SOLARA. *11:11*: a abertura dos portais. São Paulo: Madras, 2006.

BRENNAN, Barbara Ann. *Mãos de Luz:* um guia para cura através do campo de energia humana. São Paulo: Pensamento, 1996.

____. *Luz Emergente:* a jornada da cura pessoal. São Paulo: Cultrix, 2006.

CAIRO, Cristina. *Linguagem do corpo 1*: aprenda a ouvir o seu corpo para uma vida saudável. São Paulo: Mercuryo, 1999.

____. *Linguagem do corpo 2*: beleza e saúde. São Paulo: Mercuryo, 2001.

____. *Linguagem do corpo 3*: a cura pelo amor. São Paulo: Barany, 2012.

UM PRESENTE ESPECIAL PARA VOCÊ:

Aponte a câmera do seu celular para o QR Code a seguir e tenha acesso ao bônus exclusivo preparado para você.

OUTRAS PUBLICAÇÕES

Luz da Serra
EDITORA

Manifesto da Autoestima
Patrícia Cândido

Aprenda a se aceitar e a se amar do jeito que é, tenha mais autoestima, segurança e confiança para assumir as rédeas da própria vida e encontrar a felicidade.

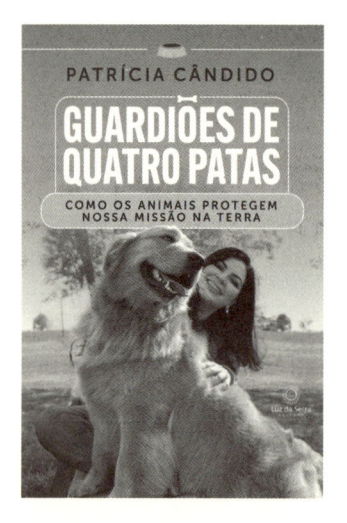

Guardiões de Quatro Patas
Patrícia Cândido

Prepare os lenços para se emocionar com histórias que mostram que os bichos nunca desistem de nós. Nossos Guardiões estarão sempre ali, para o que der e vier.

Grandes Mestres da Humanidade
Patrícia Cândido

Descubra as propostas de evolução que cinquenta grandes almas apresentaram à humanidade e atinja os níveis mais altos da consciência.

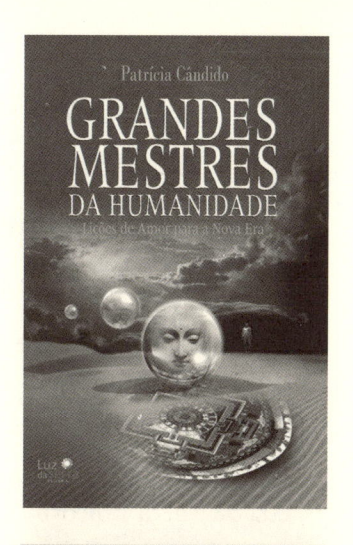

Evolução Espiritual na Prática
Bruno J. Gimenes e Patrícia Cândido

Equilibre as suas emoções e sentimentos com aprendizados práticos e diretos sobre a espiritualidade e a evolução da consciência.

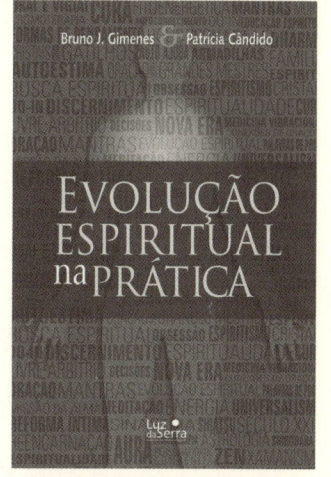

O Caminho do Buscador
Patrícia Cândido

Todos nós temos o potencial da iluminação. Todos nós podemos! Acompanhe o personagem Kangyur, que nos mostra que a trilha do bodhisattva parte de uma decisão interna e de uma teimosia positiva para conquistar nossos sonhos mais íntimos.

Transformação pessoal, crescimento contínuo, aprendizado com equilíbrio e consciência elevada. Essas palavras fazem sentido para você? Se você busca a sua evolução espiritual, acesse os nossos sites e redes sociais:

Luz da Serra Editora no **Instagram**:

Conheça também nosso **Selo MAP – Mentes de Alta Performance:**

No **Instagram**:

Luz da Serra Editora no **Facebook**:

No **Facebook**:

Conheça todos os nossos livros acessando nossa **loja virtual**:

Conheça os sites das outras empresas do Grupo Luz da Serra:

luzdaserra.com.br

iniciados.com.br

luzdaserra

Luz da Serra®
EDITORA

Rua das Calêndulas, 62 – Juriti
Nova Petrópolis / RS – CEP 95150-000
Fone: (54) 99263-0619
E-mail: loja@luzdaserra.com.br